世界的风景，就在我们眼中。

快意畅游

开始在加拿大自助旅行

沈正柔 ◎ 编著/摄影

北京·旅游教育出版社

「游加拿大 铁则」

☑ 旅游选时节

理由：加拿大四季分明，春花似锦，夏日明媚，秋叶炫目，冬雪皑皑，全年都适合旅行。但若要游览落基山，最佳时节在6月中~9月中，因为景区道路全部开通，得以走访梦莲湖、塔卡考瀑布、伊迪丝卡维尔山、马林湖美景；也必定能搭乘大雪车踏上冰川，由此加拿大落基山的特色风景都不会错过。此外，7月中~8月中沿途野花盛开，更是视觉飨宴。

☑ 通票较划算

理由：无论游览城市或国家公园，通票(Pass)都是最方便、经济的选择。温哥华公交车的日通票可以在公交车、轻轨与海上巴士间任意转乘，不受转乘时间及分区收费限制，也不用随身准备零钱；卡尔加里公交车日通票则适用于公交车与轻轨；班夫镇内交通车也出售日通票。日通票使用时间多从首班车至末班车，若使用时间不长，或次数不够多，就未必划算。

加拿大国家公园出售年通票，除了落基山国家公园外，还适用于加拿大其他国家公园及古迹区。有兴趣与时间多逛逛，年通票一定比日门票省钱。

☑ 时区分清楚

理由：不列颠哥伦比亚省大部分地区在太平洋时区，艾伯塔省则在山区时区，比不列颠哥伦比亚省早1小时，例如温哥华早上8时，卡尔加里已是9时。但在落基山国家公园内，位于不列颠哥伦比亚省的幽鹤及库特尼国家公园也采用山区时间。穿梭在时区间，应该按时区调整时间，以免误事。

☑ 长者、学生有优惠

理由：65岁以上长者及学生，只要持有有效证件如护照或学生证，搭乘公共交通工具、买门票多有优惠。在校学生出国前不妨办张国际学生证(International Student Identity Card, ISIC)。

☑ 穿着有弹性

理由：一天有四季，十里不同天！对此卡尔加里居民都知道，不用担心目前的气候，因为5分钟后就可能改变，尤其冬季吹起翻山风，寒冬转眼变夏季。在落基山区，一天就有可能经历冰雹、下雪、下雨、艳阳；乘大雪车登上冰川，若是风大，必能体验冷风刺骨。温哥华属海洋性气候，终年多雨。因此，在这些地区穿梭时穿着必须随时调整，最适合的方式是"剥洋葱"，热时一层层剥，冷时一件件加。整理行囊时，别忘了带上雨具。

05 ·················· Traveling in Canada

☑ 吸烟守规矩

理由：饭后一支烟，快活似神仙！瘾君子的享受，在加拿大行不通！不列颠哥伦比亚及艾伯塔省都提倡公共场所禁烟，不约而同地于2008年通过法案，规定包括机场、餐厅、公共交通工具、工作场所，甚至酒吧、赌场内都不能吸烟。想吸烟必须到指定地点或室外距离门、窗及通气孔3米(不列颠哥伦比亚)或5米(艾伯塔省)以外的地方。温哥华市也于2010年通过法律，规定市区及地区(Regional)公园内禁止吸烟，违规罚款分别为$250及$75。时势所趋，准许吸烟的旅馆越来越少，有些旅馆甚至要求旅客签字同意遵守房间内禁烟规定，否则要处罚金。旅馆内的大堂、餐厅及走道当然也是禁烟区。

编辑室提醒

出发前，请记得对书上提供的数据再一次确认

每一个城市都是有生命的，会随着时间不断成长，"改变"于是成为不可避免的常态。虽然本书的作者与编辑已经尽力，在书中呈现最新、最完整的资讯，但是，我们仍要提醒本书的读者，必要的时候，请多利用书中的电话、网站，再次确认相关信息。

资讯不代表对服务品质的承诺

本书作者所提供的酒店、餐厅、商店等是作者个人经历或采访获得的资讯，本书作者尽力介绍有特色与价值的旅游资讯，但是过去有读者因为店家或机构服务态度不佳，从而产生对作者的误解。敝社声明，"服务"是一种"人为"，作者无法为所有服务生或任何机构的职员承诺他们的品行，甚或是费用与服务内容也会随时间变动，所以，因时因地因人，读者可能会与作者的体会不同，这也是旅行的特质。请读者培养电话确认与查询细节的习惯，以保护自己的权益。

感谢热心读者的来信

过去快意畅游系列图书通过许多读者的来信，得知更多的资讯，甚至帮忙修订，非常感谢你们帮忙的热心与爱好旅游的热情。欢迎读者将您所知道的变动后的信息提供给旅游教育出版社编辑部，E-mail: tepch@126.com。

作者序

迷恋温哥华与落基山

1988年7月初，我第一次踏进加拿大落基山。那次，意外遇上下雪，措手不及，只能用大垃圾袋遮挡雨雪。那次，逗留落基山只是横贯加拿大行程的一部分，来去匆匆，竟连露易丝湖也只是惊鸿一瞥。

往后25年，数不清去过多少次，曾经被大角羊拦路索食，曾经与早起的灰熊四目相对，曾经和成群马鹿并肩散步，落基山印象逐渐从模糊到清晰，甚至变成像自家后院一般熟悉，闭上眼可以在脑海里浮现一泓泓碧湖、一道道冰川、一簇簇野花。

温哥华是我最心仪的北美城市。2002年，我用将近一年时间，一步步丈量温哥华的土地，回顾温哥华的史页，领略原住民的图腾柱，拥抱参天的温带雨林。

城里的园林、城市边缘的农田，以及随季节迁徙或定居湖沼的鸭、雁鲜明宣示温哥华的四季。破土而出的球茎花朵最先带来春天的信息；一波波花海随后登场，装饰城市街道巷弄，并持续过夏季。然后，园林、街巷的绿叶一片片老去，成就色彩斑斓的秋天，雪雁来了。落叶满地的时节，冰冷的温哥华显得苍白，但偶尔一场大雪，满枝冰挂，又见城市晶莹剔透。

温哥华与落基山一是充满自然景色的城市，一是俯仰皆见自然的大地，而我一直追求的生活便是回归自然，因此，走访千遍也不厌。有人说我奢侈，有人笑我痴迷，笑骂由人，我就乐此不疲。

关于作者

沈正柔

辅仁大学历史系学士、台湾大学历史研究所硕士。曾任台北《中国时报》及《联合报》记者、编辑；美国洛杉矶《世界日报》采访主任；台北时报出版公司执行副总编辑。2000年从媒体退休，专心从事旅游写作，旅游图文散见于台北、纽约、北京报章杂志。已出版图书包括：《百变北京》、《开始在北京自助旅行》、《美西国家公园》、《拉斯维加斯》、《加州》、《加拿大落基山》、《玛雅金字塔的秘密——你所不知道的墨西哥》。

开始在 加拿大 自助旅行 08

目录 CONTENTS

04　游加拿大铁则
06　作者序
10　如何使用本书

12
认识加拿大
14　加拿大速览

20
行前准备
22　加拿大旅游规划
24　证件准备
26　汇兑、跨国提款
28　保险、行李打包

30
机场篇
32　入出境与通关
34　认识温哥华机场
40　认识卡尔加里机场

44
交通篇
46　加拿大境内交通
52　温哥华交通
59　落基山交通

62
住宿篇
64　订房指南
66　特色旅馆集锦

76
饮食篇
78　饮食文化
79　当地特色点心
82　快餐简餐
84　咖啡文化
85　族裔特色餐
89　原住民野味
90　街头餐车
92　不列颠哥伦比亚省莓果

Traveling in Canada

94
玩乐篇
温哥华
 97 温哥华旅游指南
 102 温哥华城市漫步
 120 温哥华私房景点
 122 温哥华周边景点
 140 温哥华主题之旅
落基山
 157 落基山旅游指南
 158 落基山国家公园
 168 落基山主题之旅
 178 落基山城市漫步
 190 落基山景观道路
 204 落基山私房景点

206
购物篇
 208 特色商品

222
通信篇
 224 打电话、上网、邮寄

228
应变篇
 230 紧急情况怎么办

如何使用本书

专治旅行疑难杂症：根除旅行小毛病，如：办护照、签证、购买票券、安排行程、机场入出境手续、行李打包、如何搭乘各种公共交通工具、打国际电话、时区转换等，本书全都录。

省钱、省时密技大公开：商家不会告诉你、只有当地人才知道的购物、住宿、搭车等省钱、省时的密技大公开，本书不藏私。

实用资讯表格：证件哪里办，店家、景点怎么去，相关联络资料与查询管道，条例整理，重要时刻不再眼花缭乱。

Step by Step图文解说

凡举入出境、操作机器、网络租车等教学，都有Step by Step图文解说，信息、步骤超清楚。

◀ 行家购买情报

加拿大"液体黄金"是什么？如何挑西洋参和枫糖浆？熏鲑鱼哪种肉质最好？不只教你玩最好，还教你买最好！

旅游行程规划 ▶

行程规划标上景点页码，迅速掌握景点资讯和玩乐重点。再搭配地图导览，景点位置一目了然，旅游方向感不迷失。

▲ 旅游小提醒

Tips资讯 ▶
内行人的实用资讯，全在框框内。

Traveling in Canada

▲ 景点介绍
介绍特殊景点特定观赏时间，掌握最佳旅游时刻。

夏丘金字塔、美神希尔酒店（Mission Hill Family Estate）
欧肯那根谷生产冰酒的酒庄

▲ 交通概况
详尽的交通资讯，掌握确切景点位置。

▲ 玩家充电站
玩家充电站的行家指点，令从此旅游不再走马观花，处处都能发现惊奇。

▲ Data资讯
网址、地址、时间和门票等景点资讯统一整理在页面边缘，位置超清楚。

▲ 玩乐篇，分量增5倍
特色主题式玩乐，专题报道古老图腾柱、令人感动的鲑鱼洄游、国家公园生态镜头……丰富的文化知识，让你玩得更深入。

认识加拿大
About Canada

加拿大,是个什么样的国家?

幅员辽阔的加拿大究竟是个什么样的国家?
本篇将从国名、政体、国旗、面积、人口、经济、语言、时区、货币、假日等小档案,
带你迅速总览加拿大从里到外、兼容并蓄的各样风采。

加拿大速览

加拿大,是个什么样的国家?

加拿大小档案 01

地理 | 面积仅次于俄罗斯的第二大国

面积8 965 121.42平方公里,仅次于俄罗斯,为世界第二大国。加拿大国土面积9%为水域,包含200万～300万个湖泊,是淡水含量十分丰富的国家。各省及地区以努纳武特面积最大,魁北克、西北地区、安大略、不列颠哥伦比亚、艾伯塔省按顺序排列,爱德华王子岛面积最小。

▲ 加拿大是淡水含量十分丰富的国家

地图绘制/许志忠

加拿大小档案 02

国名 | 源自原住民语"Kanata"

公元1535年，法国探险家卡蒂亚(Jacques Cartier)沿河道进入内陆时，遇见的原住民青年告诉卡蒂亚他们来自"Kanata"。对于原住民而言，"Kanata"只是他们居住的村落，即如今魁北克市附近；卡蒂亚却以"Canada"称酋长势力所及的土地。

"Canada"范围随着时日扩张，先涵盖现今圣劳伦斯河沿岸，而后是魁北克省。1867年，东岸四省结盟(Confederation)奠定立国基础，并以宪法确立"Canada"名称。

▲法国探险家及魁北克城的建立者萨缪尔·尚普兰(Sam-uel Champlain)，他也被称作"新法兰西之父"

▲Kanata村落，在如今魁北克市附近

加拿大小档案 03

国旗 | 白底衬红枫的加拿大国旗

定居加拿大的原住民早已与枫糖结缘，18世纪初有人就开始以枫叶代表加拿大，安大略和魁北克两省创作省徽时将枫叶纳入。1876~1901年，枫叶铸印在加拿大所有的硬币上。1921年，英王乔治五世更指定红、白色为加拿大官方颜色。1964年底，国会两院先后通过国旗决议案，伊丽莎白女王宣布决议案次年正式生效。加拿大国旗于1965年2月15日正午在首都渥太华(Ottawa)的国会大楼升起，红、白两色相间，白底衬托单叶红枫居中，是乔治·斯坦利(George Stanley)的设计。

加拿大小档案 04

首都 | 渥太华，女王的明智选择

渥太华(Ottawa)地理位置属于安大略省(Ontario)，与魁北克省(Quebec)仅隔一条河。1841年，如今的魁北克和安大略合并成英属加拿大省，英国维多利亚女王于1857年被要求选择加拿大省首都时选择了渥太华，主要用意在寻求两大地区之间的平衡；此外，渥太华位于内陆，较不易受到直接攻击，且有水道与外界交通；而且渥太华人口不如多伦多及蒙特利尔多，比较不易挑起大规模群众暴动。

▲渥太华国会钟塔

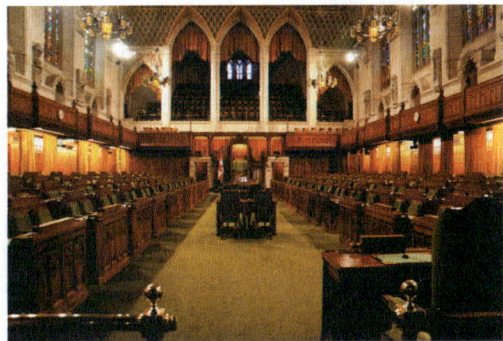
▲渥太华国会议事厅

加拿大小档案 05

政体 | 君主立宪民主政治
英女王为名义上的最高元首

名义上英国女王仍是加拿大最高元首，实际上加拿大总理(Premier)负责国家政务。总督(Governor General)是女王在加拿大的代表，可以召集国会上、下议院会议，批准并宣布议会通过的法律，在总理的建议下指派105名参议员(The Senate)。总理由众议院(House of Commons)占最多数席位的党主席担任，有权选择内阁成员并经总督指派后主持政务。众议院席位由选举产生，席位依每省及地区普查人口分配。

▲ 国会大厦

加拿大小档案 06

经济 | 森林和石油资源丰富

加拿大为全球第11大经济体，以制造业、矿业及服务业为主。与其他发达国家不同的是，加拿大的森林和石油资源丰富，大西洋外海的天然气及艾伯塔省的石油都能出口，石油存量占全球13%，仅次于委内瑞拉和沙特阿拉伯。矿产如锌、铀蕴藏多，中部大平原的农产品如菜油、麦和其他谷物产量也大。

加拿大小档案 07

人口 | 多伦多、蒙特利尔、温哥华人数最多

以都会而言，人口多集中于多伦多(Toronto)、蒙特利尔(Montreal)、温哥华(Vancouver)。加拿大可以说是移民国家，东岸居民祖先多移自英伦三岛及法国、德国等欧洲国家，西岸居民则多来自南亚、中国（包括台湾、香港）及菲律宾、东南亚，另有相当比例的非洲裔及拉丁美洲移民。原住民只占人口的4.3%，欧洲移民后裔的白人占76.7%，包括亚、非、拉丁美洲裔的少数族裔占19.1%。但是加拿大统计局预测，到2031年加拿大28%的人口将是移民。

加拿大小档案 08

语言 | 英语及法语为官方语言

英语及法语为加拿大官方语言，但因加拿大由多元族裔组成，各族裔也使用各自的母语。据2011年普查统计，加拿大使用华语的居民逾百万人。

▲ 渥太华国会图书馆

Traveling in Canada

加拿大小档案 09

货币 | 1加币约等于5.0327元人民币

加拿大币面值为100、50、20、10、5元，硬币则有1元、2元、25分、10分、5分(1分钱硬币已淘汰)。由于1元硬币印有潜鸟(Loon)图案，加拿大人亲切地称为Loonie，因此2元硬币就称作Toonie。

▲加拿大硬币

▲加拿大纸币

加拿大小档案 10

时区 | 夏时制的时差不一样

加拿大分5个半时区，从西到东为太平洋(Pacific Time)、山区(Mountain Time)、中央(Central Time)、东部(Eastern Time)、大西洋(Atlantic Time)、纽芬兰(Newfoundland Time)时区。每越过1时区，时间拨快1小时，纽芬兰自成时区，比大西洋时区快半小时。

夏天加拿大实施夏令(夏时制)时间，时钟拨快1小时，太平洋时区比中国慢15小时；冬天则拨慢1小时，比中国慢16小时。

加拿大各时区与中国时差

时区	太平洋	山区	中央
夏季	慢15h	慢14h	慢13h
冬季	慢16h	慢15h	慢14h
时区	东部	大西洋	纽芬兰
夏季	慢12h	慢11h	慢10.5h
冬季	慢13h	慢125h	慢11.5h

⁉ 何谓夏时制？

由于夏天天亮较早，加拿大和美国都采取夏时制(Daylight Saving Time)，将时钟拨快1小时，让民众早睡早起以节省能源；冬天天亮晚，时钟拨回1小时，也可避免浪费能源。目前调整时钟的时间是：3月第2个周日及11月第1个周日02:00。

温哥华盖士镇

加拿大小档案 11

航程 | 有直航班机，约10.5小时

从中国前往加拿大的温哥华市需要跨越太平洋，航程基本需要10多个小时。一般而言，直飞航班机票价格会比较高，经由第三方中转地的机票可能会相对实惠点，不过耗时会长些。温哥华机场是亚洲国家游客进入加拿大的门户，也有航班直飞多伦多帕尔森国际机场。从北京、上海都有前往温哥华和多伦多的直飞航班，可根据自己的出发地选择搭乘的航班。

直飞加拿大的航空公司

出发城市	航空公司	停靠
北京	国航	直飞温哥华
北京	加拿大航空	直飞温哥华、多伦多
北京	国航	直飞多伦多
	海南航空	直飞多伦多
上海	国航	直飞多伦多
	加拿大航空	直飞多伦多
上海	东航	直飞温哥华
	加拿大航空	直飞温哥华
广州	南航	直飞温哥华

加拿大小档案 12

电压 | 和中国不一样

110伏特，插座为三孔形和双孔扁形。

加拿大小档案 13

假日 | 各省有不同的节日

加拿大法定假日其实只有5天，即新年、耶稣受难日、国庆日、劳工节、圣诞节。但联邦机构另外还放5天假，即复活节周一、维多利亚日、感恩节、国殇日及节礼日。多数省份及地区也将维多利亚日、感恩节及国殇日定为合法假日。

除新年、国庆日、圣诞节及节礼日外，其他假日日期并不固定，尤其复活节，定在春分后第一次满月后的第一个星期日，因此每年日期不同，大抵在3/22及4/25之间。另外，各省有不同的节日，譬如不列颠哥伦比亚省有家庭日(Family Day)及不列颠哥伦比亚日(B.C. Day)等。

▶ 国会大钟

加拿大法定假日(制表：沈正柔)

假日	日期
新年(New Year's Day)	1月1日
耶稣受难日(Good Friday)	复活节前的周五
复活节周一(Easter Monday)	复活节次日
维多利亚日(Victoria Day)	5月25日前的周一
国庆日(Canada Day)	7月1日
劳工节(Labour Day)	9月第一个周一
感恩节(Thanksgiving Day)	10月第二个周一
国殇日(Remembrance Day)	11月第二个周一
圣诞节(Christmas Day)	12月25日
节礼日(Boxing Day)	12月26日

⁉️ 不列颠哥伦比亚省的家庭日及不列颠哥伦比亚日

不列颠哥伦比亚省似乎每月一假，而且都是周末三天连假。2月第2个周一的"家庭日"号称阐扬家庭价值；8月第1个周一的"不列颠哥伦比亚日"也称作"传统日"(Heritage Day)，意在纪念不列颠哥伦比亚省拓荒先民。由于联邦不承认不列颠哥伦比亚省的"家庭日"，联邦雇员，如邮局员工必须上班。

艾伯塔省也有"家庭日"，于2月第3个周一放假。"家庭日"来自政客竞选时的承诺，却引起企业雇主不满，也因此艾伯塔省的"传统日"由雇主决定是否放假。

加拿大小档案 14

气候 ｜ 多数城市为大陆性湿润气候

加拿大大部分城市都属于大陆性湿润气候，夏热冬冷，四季分明。艾伯塔省部分草原区及不列颠哥伦比亚省内陆气候较干燥，卡尔加里的翻山风(Chinook)即是典型代表。

濒临太平洋的温哥华属海洋性气候，雨量丰沛，夏季凉爽，冬季虽然冷但并不酷寒。

加拿大北半部靠近极地地区全年严寒，夏季短暂。

▲ 温哥华属海洋性气候，夏季凉爽，冬季虽冷但并不酷寒

加拿大独有

皇家骑警
(Royal Canadian Mounted Police, RCMP)

1920年由西部拓荒时期的西北骑警和联邦成立时的警力合并成皇家骑警，皇家骑警是加拿大维持治安的主力，不但担任联邦警察，也包办加拿大各省(安大略与魁北克省除外)及城市警务工作。

红衣、黑裤、棕靴及浅灰褐色帽子的制服，是皇家骑警最抢眼的标志，骑在马上更是英姿焕发，令人印象深刻。不过，这套制服目前只在庆典仪式和音乐马术表演(Music Ride)时得见。

皇家骑警并不全然阳刚，穿苏格兰格子裙的风笛队表演也有声有色。1974年开始，女性也获准加入，并且穿上同样醒目的制服。

行前准备
Preparation

出发前，要做哪些准备?

什么时候去加拿大旅行最好?

要从哪里搜集旅行的相关资讯? 行程怎么规划才能玩得尽兴?

需要办理什么证件? 行李该如何打包? 汇兑、信用卡等金融事宜该注意什么?

本篇将完整提供相关的准备信息。

加拿大旅游规划

先决定合适的旅游季节，然后开始收集旅游资讯

选择旅游季节 *Preparation*

温哥华4月赏樱花、10月赏秋叶

4月初，温哥华是美丽的春城，园林、街道遍地飞花，樱花更是铺天盖地。10月下旬，温哥华是动人的秋城，枫红渲染街道巷弄；而在夏季，平均温度不超过20℃，温带雨林层层绿意更觉清凉。

落基山6～9月美景不错失

4月中，加拿大落基山终于从冰雪中脱身，皑皑白雪依旧逗留山头，要到7月中才逐渐退隐；而封冻千年的冰川似乎并不理会季节，仍然铺盖透着蓝光的冰，冰缝中奔流的雪水和遍地野花才透露冰川知道夏天来临。落基山四季都美，但只有6月中～9月中所有道路才开放，去早去晚，都会错失美景。因此，拟订出行计划的第一个决定是：什么时候启程？

搜集旅行资讯
Preparation

不列颠哥伦比亚省旅游局在温哥华机场国际航班入境大厅设有访客中心(Visitor Centre)，提供的资讯涵盖全省，当然包含温哥华，但不列颠哥伦比亚省旅游局最多也就照顾到不列颠哥伦比亚省境内的落基山国家公园。在进入加拿大前，想先搜集资讯以拟订旅游计划，最便捷的方式可能是浏览景点相关网站。

实用旅游网站推荐

■加拿大
加拿大国家公园：www.pc.gc.ca

■不列颠哥伦比亚省
不列颠哥伦比亚省公园：www.env.gov.bc.ca
不列颠哥伦比亚省旅游局：www.hellobc.com

1. 温哥华春樱景致／2、3. 温哥华秋色景致／4. 深秋薄雪铺洒山头，碧湖也逐渐冰冻／5. 抓准时间游览，去早去晚都会错失美景

■温哥华
温哥华：www.tourismvancouver.com
北温哥华：www.vancouvernorthshore.com
列治文市：www.richmond.ca
斯坦利公园：www.vancouver.ca/parks
伊丽莎白女王公园：www.vancouver.ca/parks
范度森植物园：www.vandusengarden.org
不列颠哥伦比亚大学植物园：www.ubcbotanicalgarden.org
格兰维尔岛：www.granvilleisland.com
中国城：www.vancouver-chinatown.com
盖士镇：www.gastown.org
温哥华水族馆：www.visitvanaqua.org
不列颠哥伦比亚大学人类学博物馆：www.moa.ubc.ca
卡皮兰诺吊桥：www.capbridge.com
松鸡山：www.grousemountain.com
北温哥华：www.vancouvernorthshore.com

■温哥华岛
温哥华岛：www.vancouverisland.travel
维多利亚：www.tourismvictoria.com
皇家不列颠哥伦比亚博物馆：www.royalbcmuseum.bc.ca
布查特花园：www.butchartgardens.com
邓肯：www.city.duncan.bc.ca
彻梅纳斯：www.chemainus.com
托菲诺：www.tourismtofino.com

■周边地区
惠斯勒：www.whistler.com
基隆拿：www.tourismkelowna.com

■加拿大落基山
班夫访客中心：www.bannflakelouise.com
班夫交通：www.roamtransit.com
班夫温泉：www.hotsprings.ca
班夫硫黄山缆车：www.explorerockies.com
哥伦比亚冰原雪车：www.explorerockies.com
贾斯珀资讯中心：www.jasper.travel
贾斯珀缆车：www.jaspertramway.com
马林湖游船：www.malignelake.com
贾斯珀民宿协会：www.stayinjasper.com

证件准备

出发前，要先申办护照和签证

申办护照 Preparation

第一次出国还没有护照的或者护照有效期不足6个月的，需要亲自至本人户口所在地公安局的出入境管理处办理，也可视居住地就近办理。只要符合一定条件，非户籍地人员可向居住地（实施异地可申请护照的城市名录可参见下文所列）的有关地方公安机关出入境管理机构提交普通护照的申办。

申请护照必备文件

☐ 近期免冠照片1张以及填写完整的"中国公民因私出国（境）申请表"（可从公安部出入境管理局网站www.mps.gov.cn/n16/n84147/n84211/n84364/4098828.html进行下载）。

☐ 居民身份证和户口簿及复印件（在居民身份证领取、换领、补领期间，可提交临时居民身份证和户口簿及复印件）。

☐ 未满16周岁的公民，应当由其监护人陪同，并提交其监护人出具的同意出境的意见、监护人的居民身份证或者户口簿、护照及复印件。

☐ 国家工作人员应当按照有关规定，提交本人所属工作单位或者上级主管单位按照人事管理权限审批后出具的同意出境的证明。

护照这里办

1. 本人户籍所在地。可至本人户口所在地公安局的出入境管理处申请办理护照。
2. 非本人户籍所在地。截至2014年7月，实施异地可申请护照的城市有：北京、天津、石家庄、太原、呼和浩特、沈阳、大连、长春、哈尔滨、上海、南京、无锡、常州、苏州、杭州、宁波、温州、嘉兴、舟山、合肥、福州、厦门、泉州、南昌、济南、青岛、郑州、武汉、长沙、株洲、湘潭、广州、深圳、珠海、东莞、佛山、南宁、海口、重庆、成都、贵阳、昆明、西安，共计43个。符合条件的可持有效的申请材料以及相关证明材料，向有关地方公安机关出入境管理机构提交普通护照的申办。但年龄在60周岁（含）以上，且在非户籍地居住6个月（含）以上的老人（登记备案国家工作人员除外）可不受上述限制，无论在哪个省、自治区、直辖市的暂（居）住地，都能就近提交普通护照的申请。

* 以上资料可能随时会有更新，请在出发前再加以确认。

☐ 省级地方人民政府公安机关出入境管理机构报经公安部出入境管理机构批准、要求提交的其他材料。

☐ 普通护照的办理及补发费用均为每本200元人民币，护照加注每项20元人民币。

申办签证 *Preparation*

前往加拿大必须要获得由加拿大官方获准签发的签证。关于签证办理的相关资料可以通过访问加拿大驻华大使馆签证处网站（网址为www.canadainternational.gc.ca/china-chine/visas/index.aspx?lang=zh-cn&menu_id=139&view=d）进行了解，该网站关于加拿大签证的类型、申办程序等都有详细的说明解释。

还可以通过经由加拿大政府授权、专为在中国的居民提供临时居民访问签证申请（访问类、学习许可和工作许可）以及为加拿大永久居民提供旅行证件申请服务的加拿大签证申请中心（简称"CVAC"，其网址为 www.vfsglobal.ca/canada/china/）进行申请办理。以下以加拿大签证中心临时居民访问签证／许可和旅行证件的申办流程为例进行说明。

签证申办流程

1. 根据加拿大公民及移民部（简称"CIC"）网站关于签证的相关规定，下载适合自己旅行目的的相应的申请表格与清单。如申请访问签证、学习许可或工作许可，还需要提交本人的生物识别信息，即指纹和照片。
2. 可在线填写申请表格，也可下载打印后进行填写。
3. 在签证申请提交前递交填写完整并签名的服务同意书。如果选择在线申请签证，同时要提供有效的电子邮箱。
4. 缴纳相应的签证费用，个人访问签证500元人民币，全家访问签证2 500元人民币，学习许可签证750元人民币。
5. 携带本人护照、证件照片、填写完整并签名的签证申请表格及清单上所列出的必要文件到加拿大签证申请中心提交申请。
6. 前往距离自己最近的加拿大签证申请中心，缴纳签证办理服务费及完备的申请文件，并妥善保存中心提供的相关收据，因为后面领取文件以及在线查询签证申请进度时要用到这些资料。
7. 根据本人意愿，选择获取签证的方式，是自己亲自领取还是通过邮寄方式获取。

签证这里办

加拿大驻中国使领馆
加拿大驻中国大使馆
地址：北京市朝阳区东直门外大街19号
电话：010-51394449
加拿大驻上海总领事馆
地址：上海南京西路1788号国际大厦8楼
电话：021- 32792844
加拿大驻广州总领事馆
地址：广州市流花路中国大酒店商业楼801室
电话：020-86116100
加拿大驻重庆总领事馆
地址：重庆市渝中区五一路大都会大厦1705室
电话：023-63738007
加拿大驻香港总领事馆
地址：香港鱼涌华兰路25号柏克大厦8楼
电话：0852- 37194700

加拿大签证中心
北京加拿大签证中心
地址：北京市东城区东直门南大街11号中汇广场A座12层
电话：010-57636878
上海加拿大签证中心
地址：上海市徐家汇路555号2楼广东发展银行大厦2层
电话：021-63901830
广州加拿大签证中心
地址：广州市天河区体育西路189号城建大厦3楼351室
电话：020- 38898475
重庆加拿大签证中心
地址：重庆市渝中区民生路235号海航保利大厦33-D（原重庆宾馆旧址）
电话：023-63721388

＊以上资料时有变动，请出发前再确认一下。

汇兑、跨国提款

出发前、兑换加币、准备信用卡、了解跨国提款情形

兑换加币　*Preparation*

出行前，可在中国银行或者其他银行进行货币兑换，将人民币换成加元。在银行换汇时，除了要了解当前人民币对加元的汇率外，还需要注意对比一下各银行收取的手续费。若选择在机场换加元也可以，除了同样需要比较一下汇率与手续费外，建议提前查询一下机场银行或者货币兑换处的营业时间。如果出行前没来得及兑换加元

▲温哥华机场兑换外币柜台（ICE Currency Service）

▲ICE Currency Service 汇率表

外币汇兑小提醒

可以适当兑换一些美元到加拿大

因为加拿大当地有些地方接受用美元来支付，所以出发前可适当兑换一部分美元随身携带。而且在国内，基本上有货币兑换业务的银行都可以兑换到美元，非常方便。不过鉴于在加拿大当地要将美元再兑换成加元，又转一手，其损失肯定要比在国内直接兑换加元大，所以建议出行前，美元和加元都适当换一些，以便到当地根据情况灵活使用。

也不要紧，可以到加拿大之后再兑换货币。

加拿大温哥华机场专门兑换外币的ICE Currency Service，能兑换人民币、美元等货币，至于汇率要视当天汇率而定，且每笔需要6加元手续费。

信用卡　*Preparation*

维萨（VISA）、万事达（MasterCard）及美国运通卡（American Express）在加拿大普遍接受，只是发卡公司会收取换汇手续费。

跨国提款　*Preparation*

跨国提款好处在不需要随身携带太多外币，在当地使用信用卡或金融卡，至自动柜员机（ATM）或银行提取现金。但是，都有手续费，不见得比事先兑换好外币划算，尤其信用卡预借现金牵涉到高利率。另外，在较偏僻或落后的国家及地区，自动柜员机可能不普遍。

使用信用卡提款

若持有信用卡，可在国外显示维萨（VISA）或万事达（MasterCard）标志的自动柜员机预借现金（Cash Advances）。或在银行营业时间到银行，

出示信用卡及有效证件（如护照），告知柜台人员要预借现金。

无论是使用自动柜员机或由人工服务，都需要持卡人输入密码，所以出发前千万别忘了自己设置的银行密码哦！此外，每家发卡银行都有跨国提款的额度限制，还收取一定的手续费。而且，发卡银行在持卡人取得现金后会立刻开始计算利息，且利率通常都不低，这些情况最好先向发卡银行查询清楚。另外，还有一点要注意，在国外使用自动柜员机提取现金时，柜员机所属的银行也可能要收取一定的手续费。为此，除非情况迫不得已，否则最好不要用信用卡来提取现金。

使用国际借记卡提款

若持有国内银行发行，且具有跨国提款功能的国际借记卡，也可以在海外自动柜员机上直接提取当地货币。现在为了方便出境旅游，很多银行都可以办理双币或者多币种的国际借记卡，比如中国银行、中国工商银行、中国农业银行等。而且，现在银行推出的国际借记卡，一般都与"PLUS"及"CIRRUS"进行合作，所以在标有"VISA"、"Cirrus"及"Plus"等金融卡标志的柜员机上都可以直接提领现金。可根据自己的具体需求，再比对每家银行推出的国际借记卡的主要功能，选择办理一张适合自己的国际借记卡。

国际借记卡也能刷卡购物，与信用卡不同的是，购物或者提领的金额是直接从账户中扣除，不牵涉利息，不过也不能提领超过账户存款的金额。使用国际借记卡还有一个好处，即即使身在国外，如果卡里没钱了，也可以让国内的家人往账户中转账或者存款。在国外使用国际借记卡提领现金时要注意，发卡金融机构也要收取手续费及汇率转换费用，这点在办卡时需要咨询清楚。而且，在国外的自动柜员机上提领现金时，柜员机所属的银行也可能要收取一定的手续费。

▲ 维萨（VISA）或万事达（MasterCard）信用卡标志和VISA、Cirrus、Maestro及Plus金融卡标志

跨国提款步骤

Step 1 确认提款机有跨国提款标志

Step 2 插入信用卡或金融卡

Step 3 输入密码

Step 4 选择 Withdrawal（提款）

Step 5 选择提款金额

Step 6 拿取现金及收据

证件保存小提醒

记得将证件备份

- **网络**：最好的方式是将所有必要证件扫描或拍照后存成图片格式，再发到自己的电子邮箱内，万一旅游途中不慎遗失全部重要文件时，还可以上网打印自己的证件复印件。
- **复印**：除了上述的网络备份外，建议随身准备证件复印件及大头照数张，分别放在不同的行李箱中或随身行李中，以供出现紧急状况时使用。
- **手机、相机**：可用有照相功能的手机或数码相机拍照存储备份。

保险、行李打包

考虑投保旅游保险，打包行李注意细节

旅游保险 *Preparation*

■ 海外旅行伤害保险

启程前，最好加入海外旅行伤害保险。如果出现意外，在海外就医或让家人赶赴过去都会花费大量金钱。海外旅行伤害保险有很多种，可分别对应旅行过程中可能出现的事故、受伤、生病、失窃等意外情况。购买前，要先了解清楚保险的种类、内容和支付条件后再选择合适的加入。可以在保险公司或旅行社等地方申请购买。这里，推荐在负责组团旅行和购买机票的旅行社中购买保险比较好，这样一旦出现意外，赔偿手续办理起来会比较方便些。

每个保险公司都与相应的援助服务公司联手合作，在出现意外时可以用本国语言求助。而且还有24小时的紧急援助体系等服务，一旦发生交通事故或者生病需要就医等意外情况，可迅速与保险公司取得联络并按照其指示行动。

■ 办理自带保险的信用卡

有些银行推出的适合海外旅游的信用卡，本身即自动附带了某些海外旅行伤害保险种类，可根据这些险种内容，再结合自己旅行行程安排适当选择追加保险或维持原状。

打包行李 *Preparation*

■ 准备应季的服装

加拿大国土比较辽阔，要根据自己的旅游目的地及选择的季节时间来准备相应的服装。

如果打算春季去多伦多、蒙特利尔等五大湖区，因为这里春天来得比较晚，即使到5月份，温度依然很低，所以要准备外套和毛衣类服装才行。要是夏季去这些地方的话，T恤就足矣。打算在夏季前往加拿大西海岸地区的话，因为这里早、晚比较凉，最好带上夹克类服装，尤其是去惠斯勒地区进行徒步旅游的话，防风衣及雨衣可是必备的。去落基山地区的话，如果旅行季节选在10月至来年5月这段时间，带上冬装是最明智的。

■ 常用物品的准备

像一些化妆品等，能在当地就可轻易买到的日用品，建议就不必自备了。不过一些平时服用的常备药品可一定不要忘了带，如果当地买不到就比较麻烦了。最好将行李分成必带的、带了会方便些的、可带可不带的这几类进行逐项检查准备，根据这份详细的行李检查表，就可以轻松打包行李了。

托运行李

将行李分类整理后，一般可分成托运行李和手提行李两类。在打包托运行李时，一定要注意行李限重问题。以搭乘国航航班为例，其对国际运输托运行李规定如下：每件托运行李重量一般不超过32公斤，每件托运行李的长、宽、高三边之和不得超过203厘米。

一般来说，大多数国际航线就经济舱而言，都可免费托运重量在20公斤左右的行李。如果旅行行程不超过两周，准备一件托运行李箱、一件手提行李箱就足够了。鉴于美、加航空公司，如加拿大航空、联合航空（United）、达美航空（Delta）只允许免费托运一件行李，第二件行李要收100美元/加元，那就更没理由带两件行李了。

手提行李

手提行李有体积和重量限制，建议最好用背包，至少可以空出一只手。而手提包、相机包、电脑包等装载个人物品的箱包，不计算为手提行李，也可随身携带一件。各航空公司行李规格及托运件数限制不同，出发前请电话询问或上网确认。

行李打包小提醒

随行李附上联络方式

虽然航空公司没有硬性规定，但建议在行李绑上名条及联络方式，万一行李遗失较易追踪；当然，托运后航空公司的行李条要妥善保存。

牙刷、牙膏及梳子必备

在加拿大及美国，一般旅馆基本会供应浴巾、小方巾及肥皂，档次较高的会提供洗发液、护发素、乳液、吹风机、电熨斗等用品，很少有旅馆会供给牙刷、牙膏及梳子。若投宿青年旅舍，所有洗浴用品都要自备，能放行李的空间有限，收拾行李时更需要精细计算。

行李检查表

✓	证件／单据／金钱（随身携带，不可放在行李里托运）
	护照正本及复印本
	驾照正本及复印本
	证件照（2张以上）
	电子机票行程单
	旅馆名单
	旅游行程规划单
	保险单（若买了海外旅行伤害保险，最好是英文版的）
	信用卡及复印本（Visa/ MasterCard/ American Express）
	国际借记卡及复印本
	加元现金
✓	**日常用品**
	轻便雨衣／遮阳伞／帽子（遮阳／保暖）
	眼镜（遮阳镜、近视及老花镜）
	游泳衣裤（泡温泉需要）
	针线包／收纳袋
	手套（搭乘大雪车登上冰川可能需要）
	夹脚拖鞋
	保温杯／瓶（视个人需要）
	水果刀（随大件行李托运）
✓	**卫生用品**
	面巾纸／湿纸巾
	牙刷／牙膏／牙线／梳子
	指甲刀／刮胡刀（随大件行李托运）
	洗发液／护发素／沐浴乳（随大件行李托运）
	护肤乳液（随身只能携带100ml，大瓶随大件行李托运）
✓	**药品**
	感冒药／止泻药／胃药／维生素
	慢性病药（如高血压）
	外伤急救（如创可贴）
	止痒膏／风油精／白花油／驱蚊剂
✓	**电子产品**
	相机／摄影机／内存卡（建议至少16G）
	充电器或电池（备份电池，以免旅途中停机）及电源线
	转换插头（加拿大电压、插座与大陆不同，需要自备转换插头）

机场篇
Airport

抵达加拿大机场时,如何顺利入出境?

本篇主要介绍抵达加拿大两大热门机场:温哥华机场及卡尔加里机场。
如何在这两大机场畅通无阻地入出境、通关、提领行李、转机以及选择交通工具前往目的地?
即使是第一次到加拿大的游客,也能一书搞定"如何去"及"如何回"的重点提示,
顺利完成人生旅程中的美好篇章。

入出境与通关

直接入境或经美国转机入境加拿大时，请先准备好海关申报单

入境加拿大

直接飞抵加拿大机场入境

入境加拿大时，请先准备好加拿大海关申报单(Declaration Card)，由于英语及法语都是加拿大官方语言，海关单以两种语言印行。必须以英文或法文大写字母填写。海关单可向空服员索取。

加拿大海关申报单

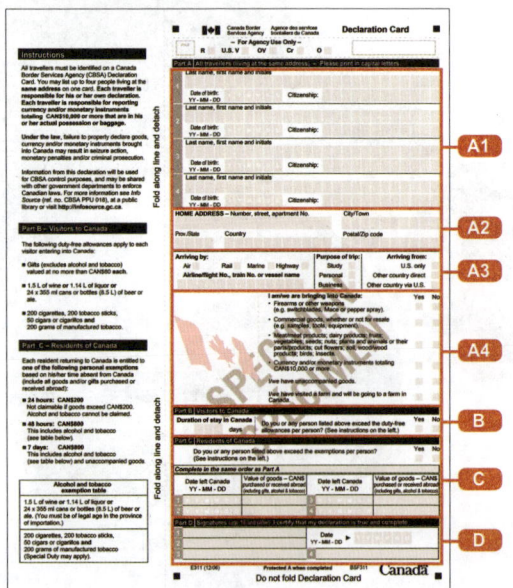

A

A1 填写姓(Last Name)、名(First Name)、生日(Date of Birth)及国籍(Citizenship)。住在同一地址的家人可使用同一海关单，但最多也只能填4人。

A2 住家地址(Home Address)，包括门牌号码(Number)及街道(Street)、城市(City/Town)、省或州(Prov./State)、国家(Country)、邮政编号(Postal / Zip code)。

A3 左边为抵达方式与交通工具(Arriving by)，包括飞机(Air)、火车(Rail)、轮船(Marine)及高速公路(Highway)。勾选后在下行即填写飞机、火车或轮船班次号码。中间填写旅行目的(Purpose of trip)，包括留学(Study)、个人(Personal)及商务(Business)勾选一项。右边为出发地(Arriving from)，包括美国(U.S. only)、其他国家直飞(Other country direct)及其他国家经由美国(Other country via U.S.)勾选一项。

A4 我／我们带了以下物品进入加拿大(I am / we are bring into Canada)，以下问题均是以是(Yes)与否(No)回答的选择题。

■ 枪械或其他武器
■ 商业货品，无论是否贩售（例如样品、工具、设备）
■ 肉类／肉类制品；奶品；水果；蔬菜；种子；坚果；植物及动物或制品；切花；泥土；木头／木制品；鸟类；昆虫
■ 现金或等值货币超过加币1万元
■ 未随身携带但随后会运到的货品
■ 我／我们已经走访或即将访问在加拿大的农场

B

左边 在加拿大停留时间(Duration of stay in Canada)；下栏填写停留天数。

右边 你或任何在名单上的人携带超过免税额度的货品吗？（细节参考左边说明*）

C

只限加拿大居民填写，观光客免填。

D

16岁以上签名(Signatures, age 16 and older)：我证明我的申报真实而完整(I certify that my declaration is true and complete)。签名顺序必须与Part A名单相同。然后填写当天的年、月、日。

填写完毕后，将左边说明(Instructions)撕去，连同护照提交边防及移民官员查验。

携带免税商品小提醒

以下是旅客进入加拿大所能携带免税商品的额度：
- 礼物(除去酒及烟)价值不超过$60。
- 1.5公升葡萄酒或1.14公升烈酒，或24罐(瓶)355毫升啤酒。
- 200支香烟、50支雪茄或200克烟草成品。

经美国转机入境

若先到美国城市譬如洛杉矶(LAX)、旧金山(SFO)、西雅图(SEA)后再转机温哥华或卡尔加里机场，在美国必须先通过移民局与海关的查验，也就是说，行前要办理美国签证，并在入境美国前填写海关单，然后依序通过移民关→提取行李→通过海关缴交海关单，才将行李送回输送带，续往登机门转机至加拿大。进入美国移民关时，移民官会要求打指纹，依序为右手4指并拢，右手拇指；左手4指并拢，左手拇指。面对摄像头照相，手续完成后即可前往转盘提取行李。

从美国入境加拿大小提醒

加拿大对美国永久居民签证即美国绿卡持有者实行免签。如果不在加拿大免签范围内，从美国入境加拿大，则需要办理美国签证。美国签证分类很细，具体要申办哪种签证，可登录www.ustraveldocs.com/cn_zh进行查询，它是中国唯一授权预约签证面谈的网站，包含了所有关于美国签证申请的信息。也可登录美国驻中国大使馆网站chinese.usembassy-china.org.cn了解相关信息。

美国海关申报单

美国海关申报单(Declaration Card)有中文版，可在飞机上或移民局大厅取得，但仍须以英文填写(一个家庭只须申报一份)。

抵达加拿大机场后，必须经过加拿大移民局与海关的查验，所以也需先准备加拿大海关申报单，并依照步骤入境加拿大。

制表：许志忠（正面）

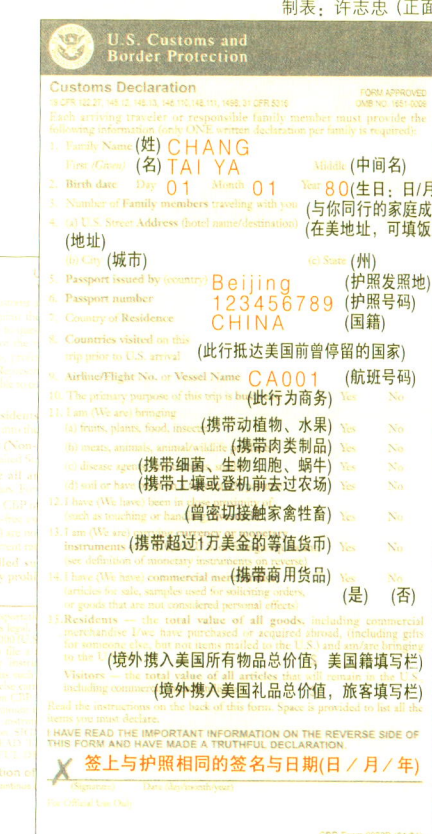

若携带等值货币超过1万美元，或有需要申报的物品，请照实填妥背面的栏次，若无则可免填。

认识温哥华机场

温哥华机场(YVR)是出入加拿大西岸的门户

温哥华机场位于列治文(Richmond)的海岛上。从外观看，国际线、美国线与国内线都在同一片屋顶下。与街道相通的2层(Level 2)为抵达层(Arrivals)，3层(Level 3)为出发层(Departures)，国内航线在抵达层下另有1层(Level 1) 服务广场(Services Plaza)，设有商店提供邮政、售药等服务，也有便利超市；国内及国际线分别有通道前往4层(Level 4)的轻轨站。国际线与美国线在抵达层使用同一出口，出发层则各设报到柜台及安检入口。

温哥华机场航站楼禁止吸烟，瘾君子只能在航站楼外的指定地点吸烟。机场航站楼内全面Wi-Fi环境，上网相当方便。

⁉ 充满原住民风情的机场

国际旅客进入机场即能感受到原住民艺术氛围。在散布机场的原住民艺术作品中，以国际航站楼3楼的《海达岛精神》(The Spirit of Haida Gwaii: The Jade Canoe)最著名，它以玉石的绿色呈现铜铸的原型，作者比尔雷德(Bill Reid)将海达族传说与现实存在的动物，如鼠女人、熊、河狸、鹰、狼和人都放在同一艘独木舟里，水陆两栖的蛙吊船尾，掌舵的是神奇的大乌鸦。

▲雷鸟　　　　▲海达岛精神

▲温哥华机场外观

▲大乌鸦与鲑鱼妇的故事

▲吸烟指定区　　▲航站楼内免费上网

温哥华机场入境

Step 1 沿着标志走

出机舱后沿着"所有乘客"（All Passengers）标志前进，进入边防及移民区。引领入境的导引语可能有很多版本，但只要依循行李图样走就不会错。

Step 2 护照查验

持护照及填妥的加拿大海关申报单往边防及移民关报到。移民官可能会问你：从哪里来？搭哪班飞机？来加拿大做什么？要停留几天？会去哪里？有没有亲人在加拿大？有没有带肉类及植物？或携带超过1万加元等值货币？

Step 3 提领行李

通过边防及移民关后，从屏幕上寻得行李转盘号码，到转盘提取行李。

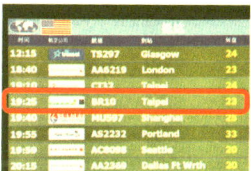

行李转盘号 / 出发城市 / 航空公司 / 航班号

Step 4 出海关到迎客大厅

提取行李后，将海关申报单交给海关人员，即可跟随"出口"（Exit）标志入境。跟随出口标志入境前会先经过不列颠哥伦比亚省旅游局资讯中心。然后进入迎客大厅，看见接机人潮。

▲ 不列颠哥伦比亚省旅游局资讯中心

出境大厅往这边 / 转搭加拿大国内班机往这边

▲ 往左出口入境加拿大，直走转加拿大航空公司国内班机

⚠ 调整手表时差

温哥华位于太平洋时区（Pacific Time Zone），夏天比中国时间慢15小时，冬天则慢16小时。例如夏天中国为15日上午8时，温哥华为14日下午5时，冬天则为下午4时。卡尔加里位于山区时区（Mountain Time Zone），比温哥华快1小时，温哥华下午5时，卡尔加里便是下午6时。

飞机将降落前，机长或空服人员都会宣告当地时间（Local Time），请听清楚后调整手表，以免耽误转机。(时差请见p.17)

Steps 入境加拿大步骤

转搭加拿大国内线航班

转搭国内航班，仍先将行李取出

无论温哥华是最终目的地或还要转机，由于温哥华是进入加拿大国境第一关，即使行李条已标明到卡尔加里(YYC)，仍然要将行李取出，通过海关，然后才能按标志放回搭乘航空公司航班行李的输送带上。

有登机证且行李已挂到目的地

如果要转国内班机，行李条已挂到最终目的地，且已有登机证，出海关后，跟随"国内航班中转"(Canada Connections)标志，将行李放到搭乘的航空公司航班行李输送带上，然后搭乘电扶梯到3楼(Level 3)国内线，经过安检，再依据屏幕显示的登机门登机。

无登机证且行李只挂到温哥华

若未有中转航班登机证，行李只挂到温哥华(YVR)，那就必须将行李提到3楼国内线柜台重新报到，寄行李并取得登机证后，经过安检，前往指定登机门登机。

注意转机航班

若是转搭加拿大航空(Air Canada)国内线，在出口前就要将行李交出，加拿大航空转机输送带在面向出口的右边角落；转搭西捷航空(WestJet)航班，则在海关出口后依标志送交行李，然后经过不列颠哥伦比亚省旅游局资讯中心，进入迎客大厅，搭乘电扶梯上3楼国内线转机。

▲ 国际及国内线的报到柜台都在3楼，依标志继续前行，即可抵达国内线报到柜台及登机门

西捷航空　　　加拿大航空

⁉ 自助报到机

目前多数航空公司国内线多采用自助报到机，让旅客使用机器报到，印出登机证。在机器报到过程中，会询问旅客有几件行李，并打印出相应的行李条。不寄行李的旅客可持登机证直接经过安检前往登机门；要寄行李的旅客，在取得登机证后还需前往送交行李的柜台报到，工作人员会核对旅客与行李条，将行李贴条后给予收据。

国外自助报到机未必使用中文，不过，报到机旁总会有航空公司人员提供服务，只要提供证件、电脑订位代码，大多可立即搞定。不然也可以直接前往柜台请求协助。

▲ 加航自助报到机　　▲ 西捷航空自助报到机

温哥华机场出境

 抵达正确航站楼

温哥华机场只有一座航站楼，内部分美国、国际及国内线柜台。出境应该从3层(Level 3)出发层进门。

出境从3层出发

 找到办理登机手续柜台

国际线与美国线可从同一门进入，但报到柜台及安检入口不同。如果从温哥华直飞中国，可前往国际线柜台寻找搭乘的航空公司航班柜台报到；若从美国转机，必须在美国线的相应航空公司柜台报到。

比较特别的是，进入美国的移民局及海关手续由设置在温哥华机场内的美国官员办理，称作"提前清关"(Pre-Clearance)。也就是说，进入美国不用再办移民局及海关手续，抵达美国转机机场后，只要经过安检，就可往登机门登机。因此往柜台报到前，必须先填写美国海关报关单。

 安全检查

搭乘直飞中国航班旅客在柜台取得登机证及托运行李收据后，即可持护照及登机证进行安检。经由美国转机旅客，在取得登机证及托运行李收据后，需要持护照、登机证与贴条的行李进入安检站。进门后会有输送带收取行李，然后再携带手提行李接受安检。

 护照检查站

直飞中国的旅客，安检过后即进入移民关查验护照及登机证，过关即可前往登机门。前往美国转机的旅客进入美国移民关后移民官会要求打指纹，依序为右手4指并拢、右手拇指；左手4指并拢、左手拇指。面对摄像头照相，然后收取海关单。

 **前往登机口**

依照登机证标明的登机门及登机时间前往登机。

出境加拿大步骤

如何从机场往返温哥华市区

轻轨加拿大线 Canada Line

网址：thecanadaline.com

轻轨加拿大线机场支线是往来机场与温哥华市中心及列治文(Richmond)最便捷的公共交通工具。

轻轨站在航站楼对面，设于机场国际线与国内线之间，到温哥华市中心为两区段，用时26分钟；列治文为一区段，用时18分钟。

轻轨分3区段收费，1区段票价$2.75，2区段票价$4，3区段票价$5.5。周六、周日及假日和周一~周五18:30以后，不分区一律$2.75。但是，如果在机场支线的3站(YVR-Airport／Sea Island Centre／Templeton)机器购票，必须附加$5元机场费。

若想避免机场费，可在搭车前先前往国内线服务广场(Level 1)的7-Eleven或PharmaSave药妆店

▲轻轨加拿大线

查询并购票。如果日间即抵达，比较划算的是购买日通票(DayPass)，一张$9.75，可在24小时内不限次数搭乘轻轨、公交车及海上巴士。

出租车 Taxi

温哥华机场大约有500辆持有执照的黄色出租车(Yellow Cab)，提供24小时全天候服务；有时也见来自列治文(Richmond)的红色出租车。车资根据时间及里程计算，按表收费。从机场到市中心$34～36，到列治文大约$15。

另有大型轿车及豪华礼车，从机场到温哥华市区为统一收费标准，分别是$48.16、$56。温哥华机场轿车及礼车运输不限于到市区，车可以更大，目的地也可以更远，价格当然不同。详情可

▲7-Eleven买轻轨票，可省$5元机场费

▲轻轨站设于机场国际线与国内线之间，位置在航站楼对面顶楼(Level 4)，有通道前往

▲出租车

Traveling in Canada

机场篇

◀ 出租车按表计费，车资加币$34～36

◀ 大型轿车(Sedan)统一收费标准$48.16，豪华礼车(Limousine)统一收费标准$56(含税)

查询温哥华机场授权经营业务的Aerocar Service，网址www.aerocar.ca

长途巴士
Long Distance Scheduled Buses

■ **前往惠斯勒、维多利亚**

温哥华机场即有巴士到惠斯勒(Whistler)及温哥华岛(Vancouver Island)的不列颠哥伦比亚省省府维多利亚(Victoria)。旅客可先上网订票，或在入境大厅巴士公司柜台洽询(www.pacificcoach.com)。

■ **前往西雅图**

机场也有巴士到美国华盛顿州西雅图(Seattle)市区及机场。若打算跨越国界，必须先办理美国签证。前往西雅图巴士也可网上预订或上车购票(www.quickcoach.com)。

旅馆穿梭车
Hotel Courtesy Shuttle

穿梭巴士大多免费接送旅馆客人。国际航站楼抵达大厅有直拨到旅馆的免费电话，可按号码拨通旅馆，告知需要穿梭车，然后出机场过街直行，在右手边标示有旅馆免费穿梭车的车站等车。列治文20余家旅馆都有专车或合用的穿梭车。

租车
Car Rentals

温哥华机场停车楼底楼设有租车公司柜台，可依标志前往办理租车手续并取车。设置在停车楼底楼的租车公司包括：National/Alamo、Budget、Hertz、Avis、Dollar/Thrifty；在机场外围的租车公司为Enterprise，可搭乘免费穿梭车前往取车。租车细节请参考p.48。

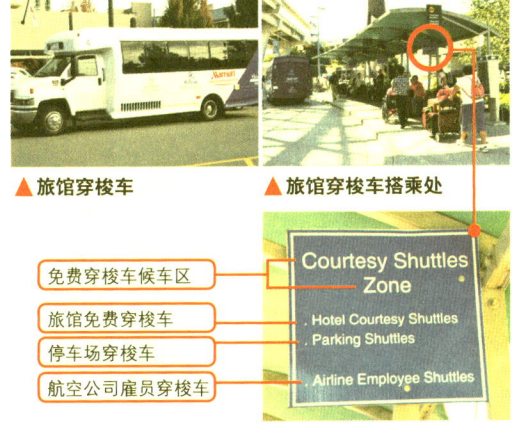

▲ 旅馆穿梭车 ▲ 旅馆穿梭车搭乘处

- 免费穿梭车候车区
- 旅馆免费穿梭车
- 停车场穿梭车
- 航空公司雇员穿梭车

◀ 租车公司柜台方向标志

▲ 租车公司免费穿梭车

认识卡尔加里机场

卡尔加里机场(YYC)是距离加拿大落基山最近的国际机场

位于市区东北17公里的卡尔加里机场(YYC)是距离加拿大落基山最近的国际机场，只有10余家航空公司航班来往。机场比温哥华机场小，目前还没有直飞亚洲的班机，必须由温哥华或美国西海岸城市转机；也因为机场小，并没有明显区分国内或国际线。基本上，1层(Level 1)是抵达层(Arrivals)，2层是出发层(Departures)，2层上面有层半楼(Mezzanine)提供餐饮服务。

与温哥华机场标榜原住民艺术不同，卡尔加里机场展示的是西部牛仔的好客热情。机场内经常得见头戴白色牛仔帽、身着红色背心的义工为旅客服务；如果有兴趣，甚至可预订义工组成的欢迎队。

"卡尔加里，新西部的心脏"代表卡尔加里牧业传统

卡尔加里机场入境

在温哥华机场办妥移民及海关入境手续后，表示已经合法进入加拿大，前往卡尔加里算是国内线，到达后只要提取行李即可出门。

但是，在温哥华通关时，即使行李条直挂卡尔加里机场，仍然必须将行李取出查验。因此，通过温哥华海关后，必须将行李再送回输送带，然后才前往国内线通过安检登机。

▲ 提取行李和前往地面交通

⁉ 卡尔加里的白色牛仔帽

白色牛仔帽代表卡尔加里的好客传统。1948年，卡尔加里美式足球队开拔到多伦多与渥太华队争霸，随火车专车前往助阵的啦啦队员每人都戴上白色牛仔帽，其中包括1950年当选市长的麦克凯(Don MacKay)。上任后每次贵宾来访，麦克凯都以白色牛仔帽相赠表示欢迎，成为卡尔加里传统。传统仍然继续，如今游客只要买一顶白色牛仔帽，举右手宣誓会将卡尔加里待客热情发扬光大，即可成为卡尔加里荣誉市民。

如果从美国转机到卡尔加里

如果行李直挂卡尔加里,但经过美国城市转机,到美国前须先申请美国签证,填写美国海关申报单后,通过美国移民局与海关的查验,然后将行李送回输送带,再通过安检,继续往登机门转机。

如果卡尔加里是旅客进入加拿大的第一站,就必须通过边境管制局及海关,依与温哥华入境相同的通关步骤入境。(见p.35)

▲ CBSA是加拿大边境管制局(Canada Border Services Agency)的缩写

卡尔加里机场出境

 Step 1 抵达正确航站楼

卡尔加里机场出境在2层。

 Step 2 找到办理登机手续柜台

进入机场2层后,寻找所要搭乘的航空公司航班报到柜台。由于机场未有班机直飞中国,多数旅客会需要先搭机飞往温哥华转机。在卡尔加里机场柜台会取得卡尔加里→温哥华、温哥华→北京两张登机证,行李直挂北京。取得登机证和托运行李收据后,即可前往安检。

若从卡尔加里飞往美国机场转机返京,手续则和温哥华机场出境一样,要做"提前清关",因此到柜台报到前,必须先填妥美国海关单。报到后,也会取得卡尔加里→美国城市、美国城市→北京两张登机证,并由于"提前清关",行李会直接挂到北京首都机场,中途不必再提取。

▲ 卡尔加里飞往美国机场转机返京报到柜台

 Step 3 安全检查

在柜台完成报到程序后,无论到温哥华或美国城市转机,在卡尔加里机场都需要持护照及登机证通过安检。到达温哥华或美国城市转机前,还要再经过一次安检。

 Step 4 护照检查站

安检通过后,到温哥华转机的旅客可径往登机门候机。前往美国转机的旅客则要通过美国移民局及海关的查验才能过关。

 Step 5 前往登机口

依照登机证标明的登机门及登机时间前往登机。

如何从机场往返卡尔加里市区

公车 Calgary Transit

300号快速公交车(BRT)从机场到市中心,$8.5为一日通票(Day Pass),可全天使用于公交车系统。机场发车时间:周一～周五首班05:35,末班23:45。05:35～20:15每20分钟一班,其他时间每30分钟一班。周末首班05:35,末班00:05,每30分钟一班。

从市区返回机场,只需要购买$3普通车票,即可搭乘300号快速公交车。上车地点可上网查寻(www.calgarytransit.com)。

▲ 从市区返回机场300号公交车

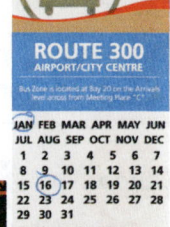
▲ 一日通票

省钱小提醒

如果只到市中心就不再使用公交车的人最便宜的方式是在机场搭乘100号公交车到Mcknight-Westwinds轻轨车站,换往市区的轻轨列车(69th St),票价$3。上公交车后要记得向司机索取转乘票(Transfer),90分钟有效。

▲ 100号到Mcknight-Westwinds轻轨车站　▲ 票价$3

出租车 Taxi

卡尔加里机场出租车授权Associated Cab经营,搭车地点就在抵达层门外。车资按时间及里程打表。若在机场主要建筑起步,129米内$7.5,外围为$3.5;以后每129米增加$0.2,每23秒增加$0.2;车座位在6人以上,增收$6.8。

出租车旁即是大型轿车(Sedan Services)上车处。轿车车资按分区采取统一收费标准,费用大约较计程车贵25%。有关收费标准及分区,可查询经营轿车服务的Allied Limousine公司网址。

机场出租车: www.associatedcab.ca
Allied Limousine轿车: www.calgarylimo.com

市区穿梭车 Downtown Shuttle

卡尔加里机场与市区间穿梭巴士由Allied Shuttle经营,来往于机场、灰狗巴士站(Greyhound Bus)及市

中心多家旅馆。营业时间03:30～23:00，每30分钟一班。单程票价$15。

可在机场抵达层靠近C门（Gate C）的Allied Shuttle柜台或上车购票，也可以先行通过网站订票。上车地点在8号停车港（Bay 8）。

穿梭车网址：www.airportshuttlecalgary.ca

旅馆穿梭车
Hotel Courtesy Shuttle

多家旅馆提供免费穿梭车服务，详细旅馆名单可在机场网站地面交通项下取得。抵达卡尔加里机场提取行李后，可利用航站楼内免费电话通知旅馆派车。通常旅馆会单独出车，或数家旅馆共车，车身上或车头跑马灯会标明旅馆名称。上车点在抵达层外的10、11号停车港（Bay 10、11），10号停车港也有免费电话。

▲10号停车港也有免费电话

长途巴士
Long Distant Scheduled Buses

定期长途巴士由Red Arrow Motorcoach经营，往返Edmonton、Lethbridge、Red Deer等城市。上、下车地点都在机场出发层11号出口。

网址：www.redarrow.ca

定期长途巴士Red Arrow Motorcoach

班夫→机场交通车
Banff Airporter

往来于卡尔加里机场与坎莫尔（Canmore）及班夫。班夫机场专车的柜台位于抵达层C区（Area C）6、7号门之间。

时刻、路线及票价查询：www.banffairporter.com

布鲁斯特班夫→机场交通车
Brewster Banff Airport Express

可到班夫、露易丝湖（Lake Louise）、哥伦比亚冰原中心（Icefield Centre）及贾斯珀（Jasper），也可搭乘其中任何一段，如班夫到露易丝湖。车票必须预订，票价不包括5%联邦销售税（GST）及国家公园门票和司机小费。

时刻、路线及票价查询：www.explorerockies.com/airport-shuttles

租车
Car Rentals

多家租车公司在机场租车中心（Rental Car Cen-tre）设有柜台，包括Avis、Budget、Dollar/Thrifty、Enterprise、National/Alamo。从机场出发层（Departure Level）过街到租车中心即可办理租车手续。Discount租车公司在机场外围，可在21号停车港（Bay 21）搭乘免费穿梭车前往取车。（租车细节请参考 p.48）

▶21号停车港搭乘免费穿梭车前往Discount租车公司

交通篇
Transportation

如何利用各样交通工具顺利抵达目的地？

介绍加拿大境内各种交通工具，帮助你找到最适合自己的交通工具，充分掌握旅游期间的交通资讯。

加拿大境内交通

飞机、火车、巴士四通八达

飞机 *Airlines*

从温哥华开车到卡尔加里，里程超过900公里，但飞行时间不到100分钟。目前提供固定航班的航空公司包括：加拿大航空、西捷航空及联合航空。西捷航空以加拿大国内、美国及加勒比地区为主要市场，不飞亚洲；加航及联航飞亚洲。

飞航温哥华(YVR)与卡尔加里(YYC)的航空公司

航空公司	网址
加航(AC)	www.aircanada.com
西捷(WJ)	www.westjet.com
联合(UA)	www.united.com

▲ 加拿大国铁

▲ 温哥华车站

火车 *VIA Rail Canada*

网址：www.viarail.ca

加拿大国铁(Via Rail)负责铁路客运，跨越加拿大8省大城小镇。票价基本上分经济座、商务座，长途的还设卧铺及豪华卧铺。

加拿大国铁最主要的3条路线

■ **Canadian**：来往温哥华和多伦多(Toronto)，由于东向使用CP轨道，西向使用CN轨道，因此行车时间不同，西向为3天8小时42分，东向为3天10小时。虽然全程65站，但只有10站必停，其余小站可应旅客事先要求停靠；其中贾斯珀(Jasper)站是游览加拿大落基山的北边门户城镇，火车靠站后停留时间较长。

Traveling in Canada

- **Ocean**：来往魁北克（Quebec）的蒙特利尔（Montreal）及濒临大西洋的新斯科舍省（Nova Scotia）省会哈利法克斯（Halifax），耗费21小时。
- **Corridor**：来往魁北克市（Quebec City）及温莎市（Winsor），是加拿大国铁最热门的路线，占国铁收入9成。其实路线的中心为多伦多，从多伦多可到首都渥太华（Ottawa）、魁北克省的蒙特利尔及魁北克市；支线可达尼亚加拉瀑布（Niagara Falls）；还与美铁（Amtrak）连线到美国的纽约市。

如何要求停靠小站

查询火车路线时刻表

登录加拿大国铁网站，点击 Plan your trip（旅行计划），再点击 Schedules（时刻表），选择温哥华到多伦多（Toronto）路线时刻表。

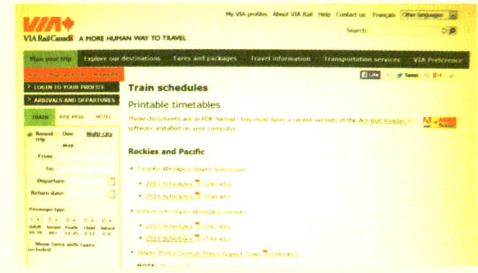

查询可要求停靠的小站

时刻表会显示所有站名，其中标"42"的站表示需要事先要求才停靠，申请列入停靠站名单的站则显示"L"。譬如要在 Mission 站停车，必须于温哥华站申请，而且要在火车出发前40分钟到柜台申请。

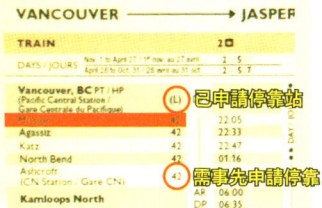

01 温哥华太平洋中央车站地址／02 加拿大国铁／03 灰狗巴士／04 太平洋巴士／05 美国国铁：美国国铁与加拿大国铁有连线合营，从温哥华可以搭乘美铁到华盛顿州西雅图（Seattle）及俄勒冈州波特兰（Portland）和尤金（Eugene）／06 Hertz 租车

灰狗巴士
Greyhound Canada

网址：www.greyhound.ca

灰狗巴士是加拿大最主要的道路交通工具，行程遍及逾千处大城小镇。温哥华、惠斯勒、卡尔加里、贾斯珀等城镇都在灰狗巴士路线上。

租车 Car Rental

租车公司

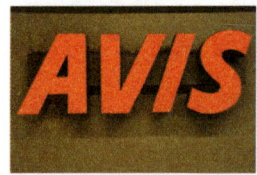
网址：www.avis.com

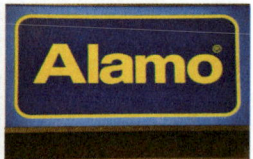
网址：www.alamo.com

网址：www.nationalcar.ca

网址：www.hertz.com

网址：www.budget.com

网址：www.enterprise.com

网址：www.dollar.com

网址：www.thrifty.com

1. 温哥华机场的Enterprise租车公司不在机场内而在附近，需要搭乘公司的穿梭车，但租车费仍计机场税。
2. 网址可搜索机场以外的租车地点。

租车条件

- **证件**：信用卡（主要有Visa、MasterCard、American Express）、驾照。
- **年龄**：多数租车公司以租车人年满25岁为基本条件。21～24岁可租车，但会增加租车费用。

租车注意事项

- **无限里程附有地域条件**：订车时即要看清里程及地域规定。无限里程（Unlimited Mileage）当然是最优惠的，但是，目前各租车公司对无限里程都附有地域条件，譬如，不列颠哥伦比亚省车牌只能在不列颠哥伦比亚省内无限里程，出了省界就必须另外收费；或者车子不能前往阿拉斯加（Alaska）或育空（Yukon）。关于出界收费，有些租车公司按天计算，有些则按里程计费，签约时柜台人员会告知规定。

- **不提供无限里程**：有些车型及地区不提供无限里程，通常是给一个里程数目，譬如每天150公里，或全程800公里，还车时超过定额的里程或出界都必须另外付费，费用每公里$1.8～2.5不等，因租车公司而异。

- **温哥华租车费用较卡尔加里高**：在温哥华租车费用较卡尔加里高，一方面是不列颠哥伦比亚省税项多，另一方面是卡尔加里所在的艾伯塔省无省税（PST）。

- **机场租车费用最高**：机场租车费用最高，因为距离租车地点最近，柜台服务时间也最长，大抵下飞机立即可取车。在温哥华机场租车，要付租车费用17.75%的场地税(Premium location charge)，卡尔加里机场为15.61%；温哥华机场租车还要付每天$1.5的租车税(Passenger Vehicle Rent Tax, PVRT)、$0.97/天的牌照税(License fee)、7%的不列颠哥伦比亚省销售税(PST)、5%联邦货品及服务税(GST)。

▲ 机场租车柜台

网上租车步骤
Car Rental

 Step 1　填写租用时间

填写取车(Pick Up)及还车(Return)地点(Location)、日期(Date)、时间(Time)。

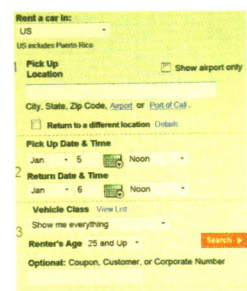

 **Step 2　选取车型**

基本包括经济型(Economy)、小型(Compact)、中型(Mid Size)、大型(Full Size)、厢型车(Mini Van)，另有豪华车、敞篷车、四轮驱动车、皮卡等。还可以点击查看细节(See Details)，检查选取车辆的相关资讯。

 Step 3　填写个人资料

包括姓、名、电话号码及租车将使用的信用卡。

 Step 4　确认资讯

确认个人资讯及租车地点、时间、车型、报价(Verify your Information and Book your Rental)。

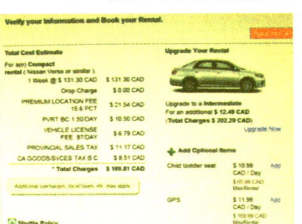

 Step 5　获取确认号码

获取确认号码后将页面打印，一方面在租车时可向柜台人员出示，一方面以确认号码取消预订较方便。

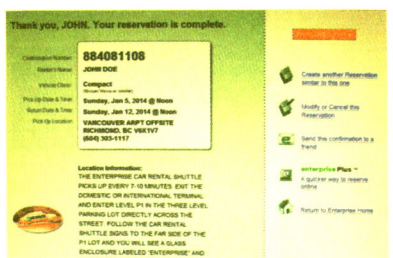

租车小提醒

不在机场租车可省去高额场地税

机场租车牵涉到高额场地税，若能省去这笔开销，租车成本自然降低。因此，省钱的基本条件就是不在机场租车。

采取的方式

1. 在旅馆住宿后让租车公司派车接人，Enterprise租车公司就提供这项服务。
2. 在旅馆里租车，譬如列治文(Richmond)的希尔顿酒店就附设Enterprise租车公司柜台。多数旅馆都提供机场及旅馆间的免费穿梭车(Free Shuttle)（关于免费旅馆穿梭车请见"机场篇"p.39、43）。

缺点

1. 交通麻烦。
2. 机场以外的租车地点上班时间比较短，有些地点周末只开半天，甚至不办公，也就无法办理租车及还车手续。

租车取车步骤 Car Rental

出示证件
出示信用卡及国际、国内驾照。

决定是否增加驾驶员
若驾驶员不止一人,另外的驾驶员也须符合租车条件,并在租赁合约上签字。每增加一位驾驶员,费用每天增加$10~15(视各租车公司规定)。

决定是否买保险
如果自己有车而自用车的保险也涵盖租车,或者用以租车的信用卡包含租车险,基本上就不需要在租车时另外买保险。但若担心国内保险理赔额度不足,或想在发生事故时省心,就不妨购买费用每天$25~30的损失免责险LDW(Loss Damage Waiver)。另外,若担心中途汽油用罄、钥匙锁在车里、轮胎漏气等情况,则可购买路边协助服务(Roadside Assistant),费用每天$5~10。

Step 4 加油选项
租车公司交车时,油箱应该是加满的。租车人还车时可以选择:自行加满油箱;由租车公司代加满油箱。签约时即选择由租车公司代加油(Upfront Fuel),汽油每公升价格较市价低,但若还车时油箱还满就未必划算。

Step 5 检查车体及油表
仔细查看车体是否有擦撞痕迹,油表是否满格,结果均要求租车公司代表在合约上注记。

⁉ 行车交通规则

游客凭国际驾照可以租车及购买保险,如有8年以上安全驾驶记录证明,则可获保费折扣。加拿大的交通规则与中国有些不同,开车要留意当地交通规则,以确保安全并避免被罚。

安全带
驾驶员与所有乘客均要佩戴安全带,驾驶中不得使用手机或其他设备。

停车限制
主要道路均设有"禁止暂停"标志,不可因上、下车而暂停。停车场设有"保留"(Reserved)、"专用"、"限制使用"、"限时"等告示,大部分都限制在2~3小时内,违规会遭拖吊或罚金。公共停车场车辆不得过夜。两车同时抢同一停车位时,以先打方向灯者为先。

停车再行
Stop标志分为单向、双向、三向及四向,无论有无来车,均应在路面白线前完全停车,无论直行或左、右转,先到先走,依序通行,违者罚$167。若遇信号灯故障时,来往车辆亦依序行进。

◀ 四向Stop标志

路口信号灯

车流量较大的十字路口通常设有左转车道与信号灯，一般为左转信号灯先亮，左转车先行。在无左转灯状况下，绿灯亮后左转车不可抢先左转，应礼让对面来车，安全状况下才可左转。除非特别标示，红灯在无来车或行人状况下可停车再右转。有信号灯的十字路口禁止回转(U Turn)。

减速慢行

见有学校区(School Zone)、操场(Playground)牌示，车辆应减速至30公里。遇有校车(School Bus)伸出停车牌示并闪亮红灯，表示学生正上、下车，来往车辆均应停车，以保障学童安全。

▲ 伸出停车牌示并闪亮红灯，来往车辆均应停车

礼让人车

在没有信号状况下，支线车辆礼让干道车辆，转弯车礼让直行车，自用车礼让公交车，车辆礼让行人。当有行人按下信号灯按钮过斑马线时，信号灯即闪黄灯，车辆必须在停车线前停车，待行人过街后再行。在无信号灯与斑马线路口，遇有行人准备过街时，车辆亦应停车，礼让行人过街。

高速公路

进入高速公路前在与高速公路平行的加速车道(Acceleration Lane)加速至规定时速，利用车流空间安全地汇入高速车道，不可在加速车道减速或停车观望，以免造成追撞或阻塞。高速公路常设有高承载车道(High Occupancy Vehicle, HOV)，未达规定人数不得行驶。

▲ 高承载车道，未达规定人数不得行驶，此为两人以上

特别状况

遇有警车、救护车在后方鸣笛闪灯时，来往车辆均应靠边停车，俟警车或救护车通过后方可行车。如有警车尾随后方并闪灯鸣笛，应即靠边停车，摇下车窗，静坐驾驶座上，等待警员前来盘查。幽灵车(Ghost car)是警方派出巡逻的民车，发现违规车辆即尾随，并闪红蓝灯示警，遇此情况应比照警车因应。

事故处理

行车发生事故，无论责任归属，有人受伤先打911报案，随后警车、救护车及消防车均会抵达现场处理。若无人受伤，先将现场及相对位置拍照存证，寻找目击证人，再与对方交换驾驶员姓名、电话、驾照编号并核对驾照相片与保险资料，可将车辆靠边或开离，随后再向车辆保险局(ICBC)报案。若车辆已无法开动，可联络修车厂前来拖车。

温哥华交通

大温哥华地区公共交通系统通称为大温运输联线(Translink)

▲ 轻轨加拿大线

大温哥华地区公共交通系统通称为大温运输联线(Translink),由公交车(Bus)、轻轨(Skytrain)及海上巴士(SeaBus)组成,票卡通用。公交车行驶路线遍及大温地区,班次密集,转乘方便,搭乘公共交通工具游览温哥华最经济。

交通工具收费方式 *Fares*

大温哥华交通局将大温地区划分为3个区,温哥华市为第1区;第2区为邻近地区,包括列

治文、北温哥华、西温哥华、本拿比、新西敏5市；第3区为外围地区，包括素里(Surry)、三角洲(Delta)、兰里(Langley)等其他市镇。

票价以区计算。在同一区内算1区票，穿越两区要用2区票，行经三区则要用3区票；公共交通系统路线、班次等资料可上网www.translink.ca查寻，各地区图书馆亦可索取时刻表。

备注：自机场上车，在加拿大线机场支线的3个站购票，须多付5加元机场附加费。

认识交通票种 Tickets

普通票和日通票

每天首班车至18:30，分区付费。另外，日通票(DayPass)每张$9.75，可于当日在3个区内无限转乘。

折扣票

每天18:30以后及周末、假日全天不分区，全以1区付费。折扣票(FareSaver)一次须购买一本(每本10张)。若以1区折扣票上车，却进入2区，须补价差(AddFare)$1.25，3区则补$2.75。在智能卡全面通行之后，折扣票将取消，但未用完的票面金额可转入智能卡。

折扣票由于没有日期，必须在使用前先放入机器激活，票卡激活后会显示日期及有效时间(激活后90分钟)。自上车或进站票卡打验开始，90分钟内转乘其他车船均无须再购票。

票券比较

分区	1区	2区	3区
普通票	$2.75	$4	$5.5
折扣票	$21	$31.5	$42
智能卡	$2.35	$3.5	$4.7

▲1区普通票

▲2区普通票

▲3区普通票

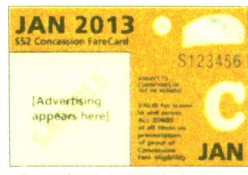
▲优惠票(适用残疾人士、5～13岁、学生、65岁以上)

▲日通票

▲优惠日通票(适用残疾人士、5～13岁、学生、65岁以上)

▲1区折扣票

▲1区优惠折扣票(适用残疾人士、5～13岁、学生、65岁以上)

▲2区折扣票

▲3区折扣票

▲公交车票卡激活机

悠游卡：储值智能卡

大温地区运输联线自2014年起将原来的定值纸本票逐步变更为储值智能卡（Compass Card），并将验票设施全面换新，轻轨站与渡轮码头增建验票闸口，公交车换装电子票卡感应器。

▲ 电子票卡感应器

智能卡种类有3种

储值智能卡分为蓝色的普通票卡（Adult Compass Card），橘黄色的优惠票卡（Concession Compass Card）以及白色的单次票卡3种。

票卡每张6元，可再储值（StoreValue）。$6为押金，若搭车时储值不足，可从押金扣款代垫，但在下次搭车时须补回。不再使用时则可退还押金。

▲ 普通票　▲ 优惠票　▲ 单次票

持智能卡搭车享有优惠折扣

储值智能卡是世界上最先进的票证，除使用及储值方便外，一经注册，票卡遗失后仍可保护票卡储值余额不被盗用，票卡余额在最后一次使用两年内均可申请退款。使用智能票卡上、下车均需验卡，否则将以最高票价扣款。

智能卡哪里买？

可在轻轨站、海上巴士站、西岸快线站及London Drugs的售票机（Compass Vending Machines, CVMS）、服务中心和特约代售处（CompassRetailers）以现金、金融卡、信用卡购买票卡或储值，有了票卡则可利用网络、电话储值。

- 车站售票机使用中、英、法、德、日及印度文操作。
- 智能卡服务中心地址：轻轨Stadium-Chinatown站、Beatty及Dunsmuir两条街交口。

▲ 智能卡购买店

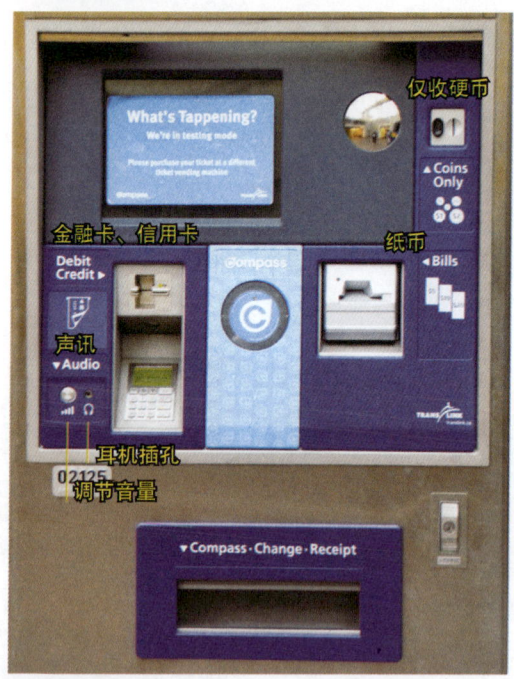
▲ 智能卡售票机

公交车
Bus

大温哥华公交车最早班次自05:00发车,最晚次日01:30收班。可以预购票卡上车扣款付费,亦可上车投币,但以现金购票不找零,且无法转乘轻轨及海上巴士。

公交车由前门上车验票卡,或投币取回票证用以换乘其他公交车。公交车可供乘客于车头架装自行车,操作便捷。公交车亦可调整底盘高度,以方便轮椅上车。

▲ 公交车可供乘客于车头架装自行车　▲ 智能卡感应机

如何分辨转运站、公交车换乘站及招呼站?

公交车站分为转运站(Exchange)、公交车换乘站(Bus Station)及招呼站(Stop)。

转运站为市区间换车地点,譬如从列治文市(Richmond)到三角洲市(Delta),设有雷德纳转运站(Ladner Exchange),可转乘三角洲当地小巴。

公交车换乘站则设在市中心或重要换乘地点,或是多路线公交车汇集,各路线公交车站牌分别设在不同停车港(Bay);或是可换乘其他交通工具。例如市中心的轻轨水前站(Waterfront Station)(图1)没有停车港,但可依标志转换轻轨、海上巴士、西岸快线;轻轨Bridgeport站可换乘多线公交车(图2)。T代表Transfer即公交车换乘站。

转运站与公交车换乘站均按时刻表发车。转运站、公交车换乘站外观并无特别差异,而是功能不同。

招呼站有乘客上、下车才停靠。站牌都标有公交车路线及主要行车方向。

▲ 公交车换乘站　　▲ 公交车招呼站

▲ 公交车换乘站

轻轨 Skytrain

轻轨有3条路线（路线图见p.52），均以位于加拿大广场(Canada Place)附近的水前站(Waterfront)为起点。

博览线(Expo Line)

博览线经本拿比市(Burnaby)、新西敏市(New Westminster)开往素里市(Surry)，以乔治国王站(King George)为终点站，05:08开始发车，高峰时段2～4分钟一班，末班00:38开出。

千禧线(Millennium Line)

千禧线在新西敏哥伦比亚站(Columbia)前与博览线共构，以VCC-Clarke为终点站，05:34开始发车，高峰时段5～6分钟一班，末班00:31开出。

加拿大线(Canada Line)

加拿大线以列治文—布里格豪斯(Richmond-Brighouse)站为终点；另有机场支线，以温哥华国际机场(YVR)为终点站，04:48开始发车，高峰时段6～7分钟一班，末班01:15开出。

▲加拿大线机场支线

▲轻轨车站，进出闸门须刷卡

渡轮
BC Ferries

网址：www.bcferries.com

不列颠哥伦比亚渡轮如今拥有35艘船，开辟25条线，不但往来温哥华本土与温哥华岛，还穿梭于不列颠哥伦比亚省海域间的岛屿。船只最小的可运载133人、16辆车，最大的则可容纳2 100人和470辆车。

▲ 不列颠哥伦比亚渡轮Tsawwassen站

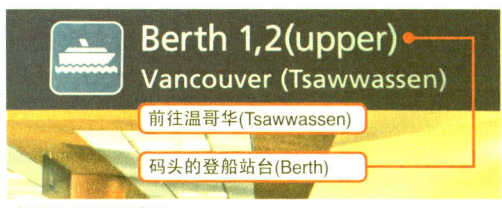
▲ 码头的登船看板

▲ 在渡轮站，可以从柜台或机器买票

▲ 气派的不列颠哥伦比亚渡轮

码头地址及驾车须知请参考www.bcferries.com：Reserve and Plan→Finding our Major Terminals。

温哥华与温哥华岛间的3条热门路线

- Tsawwassen → Swartz Bay：1小时35分钟
- Horseshoe Bay(West Vancouver) → Departure Bay(Nanaimo)：1小时40分钟
- Tsawwassen → DukePoint(Nanaimo)：2小时

3条线以第1条线旅客最多，班次也最频繁，但是价格相同。4月底～9月初的夏季班次较多，其他时间减班。

渡轮费用（参考网站www.bcferries.com）

成人	$16.25
6米以下车辆(1车)	$53.25
摩托车	$26.65
自行车	$2.00

*Nanaimo港口每人征税$0.15

渡轮登船证解析

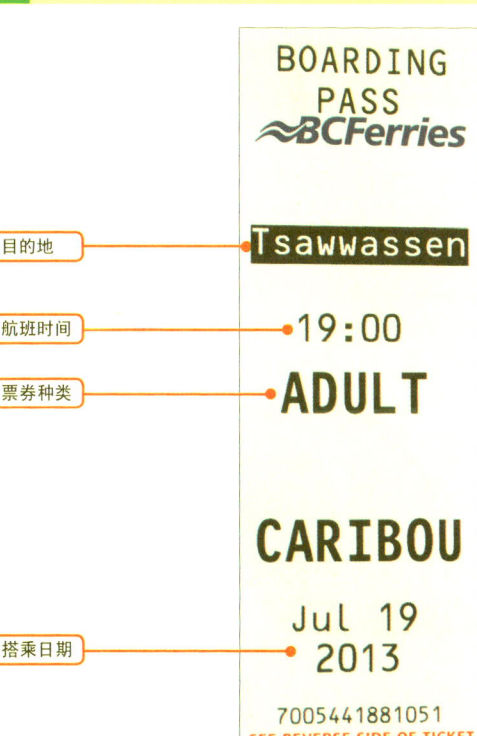

- 目的地
- 航班时间
- 票券种类
- 搭乘日期

海上巴士

海上巴士仅有一条线，自水前(Waterfront)码头开出，往返北温哥华(North Vancouver)兰斯道码头(Lonsdale Quay)。水前码头在轻轨水前站内，可依标志前往海上巴士码头转乘。

周一～周六06:16～00:46每隔15或30分钟一班，末班01:22；周日、假日08:16～23:16，每30分钟一班。单程行船12分钟。

长途巴士
Scheduled Long Distance Bus

网址：www.pacificcoach.com

太平洋线巴士(Pacific Coach Lines)在温哥华有两处发车站：一在机场，一在市区的太平洋中央车站。从温哥华机场出发有两条线：一到温哥华岛的维多利亚(Victoria)，一到滑雪胜地惠斯勒(Whistler)。从温哥华市区发车只到惠斯勒。

租自行车
Bike Rental

在温哥华骑自行车旅游是不错的选择，为提倡骑自行车，温哥华将每年6月定为自行车月(June is Bike)。温哥华市中心与附近各城市均划设自行车专用道，各公共场所均设有自行车架停放自行车。

温哥华市政府自2014年春天开始推动公共自行车分享计划(Public Bike Share, PBS)，在市区设置自行车站，提供自行车租借。

收费采取会员制，年、周、日会费分别为$95/20/5，租车费则是前30分钟免费，30分钟后每30～60分钟收费$1.5～2。同时也提供安全帽租用。

其实，温哥华租自行车早已蔚为风气，租车商家多集中于斯坦利公园附近的Denman St.，每小时租金在$7～10之间。

自行车租借商家

■ **English Bay Bike Rental**
www.englishbaybikerentals.com

■ **Bayshore Bicycles**
www.bayshorebikerentals.ca

■ **Spokes Bicycle Rental**
www.spokesbicyclerentals.com

■ **Bikes & Blades**
www.mybikesandblades.com

骑自行车小提醒

安全事项
骑自行车应戴安全帽，自行车应备前、后灯于天色灰暗时使用。

自行车行车应在车道右侧
在人行道上骑自行车会被开罚单。

公交车、轻轨与海上巴士都可免费搭载自行车
每辆公交车车头均设有自行车架，可装两辆自行车，只要上、下车时先跟驾驶员打招呼即可。

落基山交通

卡尔加里轻轨列车市中心段免费

卡尔加里交通
Calgary Transit

卡尔加里公交车系统包括巴士及轻轨列车(Light Rail Transit, LRT)。轻轨列车目前有两条路线：201(红线)、202(蓝线)，全程设有44站。红、蓝两条路线在市中心重叠。巴士路线逾150条，其中5条快车路线(Bus Rapid Transit, BRT)，包括机场到市中心的300号公交车。

票价

成人$3，当日90分钟内可免费转乘；日通票(Day Pass)$8.5。轻轨列车市中心从市政府(City Hall)至市中心西站(Downtown West)免费搭乘。

Calgary Transit FARES

ADULT (18 years & over)	$3.00 Cash	Adult Ticket or Pass
YOUTH (6-17 years)	$2.00 Cash	Youth Tickets or Pass
CHILD (5 years & under)	FREE	when accompanied by a fare paying passenger
SENIOR		Senior Citizen Transit Pass or Adult Fare
PETS	FREE	pets must be on a leash or in a carrier/cage.

Tickets and monthly passes are available from Calgary Transit vendors or online at calgarytransit.com

哪里买票

便利店如Mac's、7-11，超市如Safeway、CO-OP，药妆店如London Drugs、Shopper's Drugmart及有授权的经销商均能买票。轻轨车站也有机器卖票，但不找零。若以超过票价的金额买票，可以到设在Centre Street站的客服中心(Transit Customer Service Centre)要求找零。

▲ 轻轨列车及车站

▲ 卡尔加里公交车

▼ 可买票的商店之一

卡尔加里车站站牌 ▶

售票机买票步骤

 Step 1 找到轻轨车站的售票机

按任何一个钮即可开始操作。

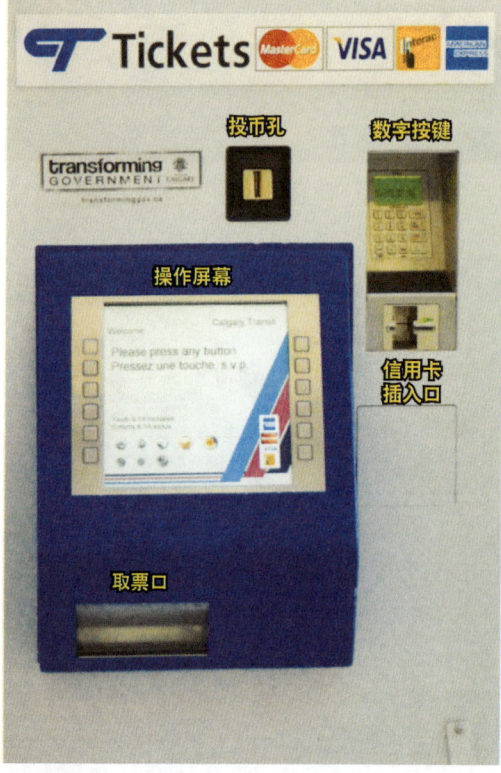

Step 3 选择购票张数

屏幕会出现一张票票价。如果购票多于一张，请按右上角"+"；若要用信用卡购票请按右下角信用卡。若用现金购票，于投币孔投币。

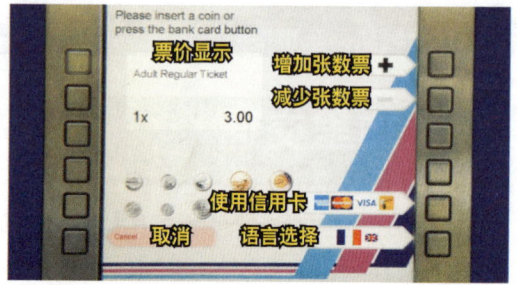

Step 4 付费后屏幕显示取票

取票口在屏幕下方。

 **Step 2** 选择购票种类

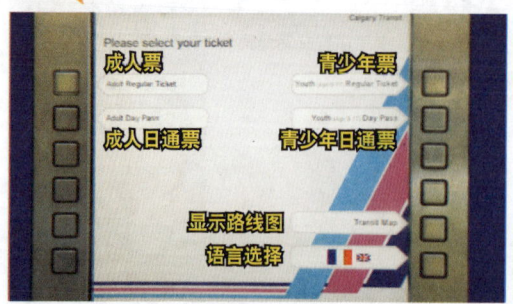

教你看懂票券

购票时间 13:52
票价 3.00 付款方式 CASH 购票日期 14.01.19
111 CENTREST 购票车站
Adult Regular 票券种类 00.00

▲ 票上会显示日期与时间，购票时间起90分钟内可免费转乘巴士或轻轨

班夫交通
Roam Transit

巴士

班夫市自2008年夏天开始，使用油电混合动力巴士，行驶于市中心、景区，甚至从班夫市区到坎莫尔(Canmore)。目前的4条路线都经过市中心，票价单程$2(13～64岁)、$1(6～12岁及65岁以上)，日通票一律$5。班夫到坎莫尔全票$6，半票$3。可使用美元或加币购票。

网址：www.roamtransit.com

巴士路线

路线	景点	营运时间
1 Tunnel Mountain(蓝线)	班夫城堡旅馆	06:15～23:30
2 Sulphur Mountain(红线)	硫黄山温泉及缆车	06:15～23:30
3 Canmore(绿线)	班夫—坎莫尔	平日06:00～23:00 周末12:00～22:00
4 Cave and Basin (黄线)	洞穴与盆地／硫黄山温泉及缆车	周五～周日及假日

▲ 班夫公交车充满了大自然的气息

长途巴士(Long Distant Scheduled Buses)

艾伯塔省城际长途巴士有一共同网址：www.albertabus.com，包括了几家行驶定期班车的交通公司，其中布鲁斯特及红箭最常被使用。

布鲁斯特巴士 (Brewster Transportation)

布鲁斯特巴士车票必须预订，时刻、票价可上网www.brewstertransportation.com查询。

■ **班夫←→机场快车**：布鲁斯特公司经营的班芙←→机场快车，其实从卡尔加里市区起站，经过机场前往班夫、露易丝湖(Lake Louise)、哥伦比亚冰原中心(Icefield Centre)及贾斯珀(Jasper)；也可采取其中任何一段，如班夫到露易丝湖。冬季只从卡尔加里到班夫及露易丝湖。

■ **埃德蒙顿经卡尔加里到班夫、露易丝湖、贾斯珀路线**：布鲁斯特公司也经营艾伯塔省省会埃德蒙顿(Edmonton)经由红鹿(Red Deer)、卡尔加里到班夫、露易丝湖路线，埃德蒙顿到贾斯珀路线。

▲ 布鲁斯特公司长途巴士

红箭巴士 (Red Arrow Motorcoach)

红箭巴士也是以卡尔加里市中心为起站，经过机场往返埃德蒙顿、莱斯布里奇(Lethbridge)、红鹿等城市。布鲁斯特公司的埃德蒙顿至班夫、露易丝湖线即与红箭巴士合营。

网址：www.redarrow.ca

住宿篇
Accommodations

想在加拿大哪里过夜？

加拿大西岸旅馆包括特色旅馆、连锁旅馆、青年旅舍、大学宿舍、民宿及独立经营的汽车旅馆等，融入自然的露营则别有一番情趣。

订房指南

早订房者抢先机，省钱有诀窍

订房须知

Vancouver

早订房折扣高

无论何种品牌旅馆，原则上是越早预订选择越多，也越有可能拿到较高的折扣。热门旅游季节及地点，例如夏天的加拿大落基山，订房时间可能要提前到半年或更早，不然不要说折扣，可能根本订不到房。不过，加拿大落基山有些旅馆并非全年营业，冬季甚至不开放订位，大抵在5月初才能订房，也必须把握时间以免落空。

订房需留意的房间配备

■ **网络**：一般旅馆或配有网线，或是有Wi-Fi环境，有些免费提供住客，有些必须收费。使用网络收费多以小时计算，因此如果你觉得上网很重要，订房时就应选择能免费上网的旅馆，入住时再询问柜台是否要密码。不过不少旅馆已经不需要密码。

■ **冷、暖气**：通常这是旅馆基本配备，但也有例外。落基山顶级的城堡旅馆就不是每间房都设置冷气，需要特别要求。价钱可能也因为设施或不同房型而较高。停车每天还要$25，上网只能在大堂或走道。当然，落基山城堡旅馆也可以在房间免费上网，所谓"金牌待

遇"（Gold Experience），房价每晚比普通级要多$200～300。

■ **房内禁烟**：禁烟目前也是多数旅馆的规定，柜台多会在办理入住手续时要求签字遵守禁烟规定，否则罚款$150～250。

省住宿费小贴士

加拿大旅馆价格不便宜，尤其在夏天旅游旺季，很轻易就破百元加币。比较便宜的价格，限制相对也较严苛，譬如：必须上网订房，预订立即付款，不能更改日期 (Non-changeable)，不能取消 (Non-cancellable)，届时不能入住不退费 (Non-refundable)。

最早订房的人与淡季价格较低

一些旅馆提供房价折扣，譬如：最早订房的人可能会享受 15%～20% 的减价，最早订房的人定义则因旅馆而异。连续入住两三天也可能有折扣。商业城市的市中心区，譬如卡尔加里，大旅馆周末几乎是半价。淡季价格通常比较低，但旅游的项目可能减少。

善用订房网站比价

旅馆多有订房网站。专门经营订房的网站，譬如 www.booking.com、www.hotels.com 囊括不少旅馆，价钱有时还较直接向旅馆订房便宜。

住宿费可退联邦税

无论是经由旅馆本身或订房网站订房，通常显示的价格都不包括税。必定要收取的是 5% 的联邦货品与服务税 (Goods & Services Tax, GST)，其他则因地制宜，譬如温哥华收取 10% 旅馆税加 1% 城市观光推广税；卡尔加里则有 3% 城市观光推广税，加上艾伯塔省旅游税 4%。GST 可以在离开加拿大后退回一半，因此退房后要保留原始付费收据。

如何办理住宿退税

在加拿大消费，通常要付联邦政府征收的货品与服务税 (Goods & Services Tax, GST) 和省政府征收的销售税 (Provincial Sales Taxes, PST)。GST 全国统一为 5%，PST 则因省而异，例如艾伯塔省不征 PST，不列颠哥伦比亚省 PST 税率为 7%。

以往外国人在加拿大购物，可以申请退回 GST，但这项优惠已于 2007 年取消，目前只有旅游、会展部分开销能退 GST。对于在加拿大旅行的个人，最多能退的为住宿费用。

申请 GST 退税的规定

1. 非加拿大居民。
2. 期间少于 30 天的短期住宿或露营，每晚费用超过 $20，税前总额至少 $200。
3. 申请必须在离境一年内提出：申请人还需要以英文或法文填写 GST115 表格，检具入境、离境证明 (例如登机证) 及收据正本 (例如旅馆显示征收 GST 的收据)，寄往：

Summerside Tax Centre
275 Pope Road
Summerside PE C1N6A2

4～6 星期即会收到加拿大政府支票。退税金额仅为消费税额的 50%，最高 $75。

GST115 表格可以自加拿大财税局 (Canada Revenue Agency) 网址 www.cra.gc.ca 下载。

特色旅馆集锦
城堡旅馆

历史悠久的百年旅馆

城堡旅馆是加拿大顶级旅馆的代表。1885年加拿大太平洋铁路(Canadian Pacific Railway,CP)连起东西两岸，也掀起了旅游热潮，铁路公司总裁范·霍恩(William Van Horne)把握商机，开始在两岸主要城市及落基山中兴建豪华旅馆。

班夫温泉旅馆
Banff Springs Hotel

网址：www.fairmont.com/banff-springs

系列城堡旅馆中最早建造的是1888年开张的班夫温泉旅馆。该旅馆采取苏格兰中古城堡风格，因而被称作"落基山中的城堡"。木造旅馆曾遭遇火灾，重建的11层楼城堡旅馆建材改用以水泥及石材为主，成为加拿大当时的最高建筑。

经过20世纪后期一再扩充，班夫温泉旅馆如今拥有700多间房，另附水疗设施和27洞高尔夫球场。住宿价格也从当初每晚$3.5提高好几百倍，却似乎永远赶不上游客需求。游客不在乎温泉不再引进旅馆，除了享受落基山风光，更想分享部分温泉旅馆历史，希望与罗斯福总统、伊丽莎白女王、玛丽莲·梦露一同跻身旅馆名流住客名单。

在旅馆阳台上远眺美景

站在旅馆阳台上远眺，弓河(Bow River)悠悠流过蓝道山(Mount Rundle)和隧道山(Tunnel Mountain)，沿着步道下山，但见弓河跃下瀑布后与斯普雷河(Spray River)携手东流。沿弓河修建的高尔夫球场，不但可见球员挥杆身手，而且有时也见成群马鹿(Elk)徜徉绿草间觅食。

露易丝湖城堡旅馆
Chateau Lake Louise

网址：www.fairmont.com/lake-louise

与班夫温泉旅馆合称"落基山双堡"的露易丝湖城堡旅馆较班夫温泉旅馆晚两年兴建，建造之初为提供登山探险者住宿，故不讲究旅馆细节，仅建成露易丝湖畔的一栋小木屋。也因失火重建并一再扩充，如今端庄典雅的露易丝湖城堡旅馆共有550间房。

Traveling in Canada

住宿篇

贾斯珀公园旅馆 Jasper Park Lodge

网址：www.fairmont.com/jasper

贾斯珀公园旅馆虽与双堡同门，但风格却迥异于双堡，一栋栋小木屋错落分布于美碧湖(Lac Beauvert)畔，夏天加拿大雁巡游湖上，更增添几分乡村气。虽然不如双堡耀眼，然而木屋也可以很铺张，其中一栋8房、8浴，气派毫不逊色；另一栋Outlook Cabin，2005年曾经住过当今英国女王夫妇，号称"皇家寓所"(The Royal Retreat)。

帝后旅馆 Empress Hotel
温哥华旅馆 Vancouver Hotel
帕利泽旅馆 Palliser Hotel

网址：

帝后旅馆 www.fairmont.com/empress-victoria
温哥华旅馆 www.fairmont.com/hotel-vancouver
帕利泽旅馆 www.fairmont.com/palliser-calgary

同样接待过英国皇室的加拿大太平洋铁路旗下旅馆，在不列颠哥伦比亚省还有维多利亚的帝后旅馆、温哥华的温哥华旅馆；而在艾伯塔省卡尔加里的帕利泽系出同门。这三家旅馆都有城堡的造型和气势，目前并与落基山中的城堡以及东岸几家城堡旅馆归属费尔蒙特旅馆(Fairmont Hotel)系统。

▲ 露易丝湖城堡旅馆大窗框起风景

▲ 露易丝湖城堡一边向山，一边面湖

露易丝湖城堡旅馆一边向山，一边面湖，湖畔厅廊外的雪山碧湖及繁茂多彩的花草全嵌进明亮的大玻璃窗，坐在酒吧、中廊，仿佛也置身画框中。

▲ 帝后旅馆

特色旅馆集锦
湖畔与冰川旅馆

享受特殊景观的旅馆

加拿大落基山以碧湖及冰川取胜，除了露易丝湖，梦莲湖(Moraine Lake)、翡翠湖(Emerald Lake)及弓湖(Bow Lake)各有特色，哥伦比亚冰原气势磅礴，景观独一无二，因而在湖畔及冰川前兴建的旅馆也是无可匹敌。

翡翠湖旅馆
Emerald Lake Lodge

网址：www.crmr.com/emerald
价格：$300~400
开放时间：11月下旬～次年10月中旬

1902年马车就已经载客入住幽鹤国家公园(Yoho NP)的翡翠湖旅馆，24间木屋分布林间，湖光山色尽在窗外。

冰川景观旅馆
Glacier View Inn

网址：www.explorerockies.com
价格：$200左右
开放时间：4月中旬～10月中旬

冰原中心3楼设置的冰川景观旅馆有32间客房，或是面山，或是面向冰原。房间屋顶高，因此还隔成上下楼，容纳一家四口相当宽敞。入夜游客散去、2楼餐厅打烊后，整栋楼陷入寂静中，坐在阳台上远望，冰原更是铺天盖地的冷清，天地之间空气似乎全然冻结，只留天际孤星闪烁。

▲翡翠湖滨旅馆

▲享受宁静的冰原时光

尼姆蒂佳旅馆
Num-Ti-Jah Lodge

网址：www.sntj.ca
价格：$250～400
开放时间：6月中旬～10月中旬

　　落基山湖滨最具个性的旅馆该是弓湖边的尼姆蒂佳旅馆。1898年，红发青年吉米·辛普森(Jimmy Simpson)自英格兰来到落基山，以当向导为生。他对弓湖一见钟情，立誓将来有一天一定要在湖畔建屋居住。

　　1923年，政府租给他四亩地，交换条件是他必须斥资5 000元以上改善环境，辛普森于是建起木屋，并成为他从事向导生意的基地。后来冰原大道修筑到弓河，辛普森开始扩建木屋，但因木料不足，原来长方形设计变成八角形，却更让建筑显得奇特。

　　20世纪50～60年代，辛普森的山野打猎经验和说不完的传奇故事吸引游客；而今子孙继续经营旅馆，餐厅墙上挂满的打猎收获也将他的故事代代相传。

梦莲湖旅馆
Moraine Lake Lodge

网址：www.morainelake.com
价格：$300～400
开放时间：6月初～9月底

　　梦莲湖旅馆的33间房都有阳台面对山水，旅馆住客可以免费泛舟、享受下午茶点和晚间白兰地，还有专人导游讲解自然生态。

▲ 最具个性的八角形奇特建筑

特色旅馆集锦
连锁旅馆

更经济、更多样化的住宿选择

占旅馆市场最大比例的该是连锁旅馆。有些旅馆以连锁方式分布世界逾百个国家，有些旅馆集团以不同层次的多种品牌供应全球市场。加拿大本身也有从西岸起家逐渐扩充至全国的连锁旅馆。加拿大最大的连锁旅馆应是贝斯特韦斯特（Best Western）（订房网址www.bestwestern.com）。

▲ 最大的连锁旅馆贝斯特韦斯特（Best Western）

国际旅馆集团 Hotels

国际旅馆集团旗下多有数个品牌，除本身品牌分级，还以另外的品牌经营。该集团订房最大的方便是只要在集团网址键入城市及入住日期，集团下所有品牌旅馆都会显示，不用一家家查询。以下为读者整理出在加拿大的国际旅馆集团成员，供订房参考。

精选 Choice

旗下旅馆品牌：Comfort Inn、Rodeway Inn、Econo Lodge、Quality Inn、Sleep Inn
订房网址：www.choicehotels.com

温德姆 Wyndham

旗下旅馆品牌：Days Inn、Howard Johnson、Ramada、Super8、Travelodge
订房网址：www.wyndham.com

希尔顿 Hilton

旗下旅馆品牌： Hilton、Hampton Inn & Suites
订房网址： www3.hilton.com

洲际 Intercontinental

旗下旅馆品牌： Holiday Inn、Holiday Inn Express、Intercontinental
订房网址： www.ihg.com

喜达屋 Starwood

旗下旅馆品牌： Four Point by Sheraton、Sheraton、St. Regis、Westin
订房网址： www.starwoodhotels.com

万豪 Marriott

旗下旅馆品牌： Courtyard Inn、Fairfield Inn & Suites、JW Marriott、Marriott Hotels、Renaissance Hotels、Residence Inn、SpringHill Suites、The Ritz-Carlton
订房网址： www.marriott.com

加拿大起家旅馆 Hotels

Accent Inns： www.accentinns.com
Coast Hotels： www.coasthotels.com
Delta Hotels： www.deltahotels.com
Sandman Hotels： www.sandmanhotels.ca

加拿大起家的旅馆规模较小，大多也分布在西岸，尤其是不列颠哥伦比亚省，其中三角洲旅馆(Delta Hotels)以市中心区及机场为主要设置地点，规模也较大。又因为市中心区地点旅馆以商务顾客为主要对象，周末价格几乎减半。

◀ 卡尔加里三角洲旅馆

特色旅馆集锦
青年旅舍

背包客的歇脚处

虽然起源于提供青年旅行住宿，但如今青年旅舍多不限制投宿旅客年龄，也不一定要会员才得投宿，只是非会员费用较高。传统青年旅舍只提供床位的习惯也随着时间推移逐渐改变，越来越多的青年旅舍提供家庭房或两人房，但多数仍然是4～6人一房，甚至有20～40人大通铺。基本上，床位多是上、下铺，卫浴设备都在室外，肥皂、毛巾要自备。不过，多数青年旅舍供给床单、枕套及毛毯。加拿大青年旅舍床位或房间可以上网预订，网址：www.hihostels.ca。

少有膳食，有时没供电

美加地区青年旅舍大抵不提供膳食，少数有少量杂货或投币出售机，但是所有旅店都有厨房，厨房有炉台、炊具、碗盘，冰箱里一袋袋食物写着所有人姓名及入住日期。厨房在晚餐时候最忙，也最五味杂陈。

加拿大落基山中青年旅舍连串，却有半数原始到没电，有的只能用溪水洗浴，更别说电视、电话。不过，床单还都提供，一个床位只要$22，最大优势是周围的自然环境好。幽鹤国家公园的威士忌·杰克(Whiskey Jack)青年旅舍就3间房，每间3张3层床，空间虽然有些局促，但能洗热水澡，从阳台就能看得见塔卡考瀑布(Takakkaw Falls)，夜晚更伴着瀑布声入梦。

班夫及露易丝湖设备齐全

但是，落基山中的青年旅舍并非全然简朴，班夫及露易丝湖两处Alpine Centre不但附设餐厅还有电视、洗衣设备，甚至能免费上网。两处床位要价$26～29，少数设有浴室的房间价格在$82～86。比起附近旅馆每晚$150到$300～400的房租，还是相当便宜，因此也一位难求。

青年旅舍住宿小提醒

国际青年旅舍联盟会员

国际青年旅舍联盟会员除住宿较非会员便宜，在各国还能享受不同的优惠，譬如在加拿大搭乘灰狗巴士（Greyhound），票价有25%的折扣。

申请成为会员不难，在各地青年旅舍都能现场办卡。若想出国前先办妥，可联络国际青年旅舍中国总部（yha China）进行查询，也可以直接在线预订旅舍。

网址：www.yhachina.com

⁉ 青年旅舍起源于德国

加青年旅舍起源于德国，由理查德·希尔曼(Richard Schirrmann)开创。希尔曼在学校负责安排学生课外活动，他相信到乡间健行或骑自行车旅行不但能从自然中学习，也有益身体健康。1909年夏天，希尔曼带领学生出游时遇到大雨行程受阻，他联系附近学校提供空置教室让学生过夜获得应允，条件是次日必须将教室课桌椅恢复原状。夜间翻来覆去于干草堆成的床上，希尔曼想到，学校教室在假日多空置，何不提供旅行学生住宿？

从学校开始，希尔曼积极推广他的理念，最初是将一天脚程内的学校连成网络，到20世纪30年代，德国已有逾2 000家青年旅舍。欧洲其他国家起而仿效，英国伦敦中古豪宅、瑞士山中小屋、瑞典商船都加入经营行列，青年旅

舍分布更广，甚至跨海发展到欧洲以外地区。

国际青年旅舍联盟(International Youth Hostel Federation)于1932年组成，目前旗下囊括108个国家及地区，包括中国及其港澳台地区，旅店超过6 000家。

特色旅馆集锦
露营

接近大自然的住宿选择

每年7、8月是落基山旅游旺季，也是最好的露营季节，较文明即有抽水马桶、淋浴、烤架的营区相当热门。部分营地接受预订，部分采取"先到先得"(First-come, first-served)原则。有兴趣露营最好早些择定营区扎营。

上网预订看这里

- 落基山露营位网址：reservation.pc.gc.ca(手续费$11，若要变更或取消，也要收取$11手续费)
- 不列颠哥伦比亚省网址：www.gocampingbc.com
- 艾伯塔省网址：www.albertacampgroundguide.ca

＊以上资料时有变动，出发前请再次确认。

附设淋浴及抽水马桶营区

营区	国家公园	开放时间	营地	价格	预订
Tunnel Mt. Village I	班夫	5/15～10/16	618	$27.4	√
Tunnel Mt. Village II	班夫	全年	188	$27.4	√
Two Jack Lakeside	班夫	5/15～10/6	74	—	X
Johnston Canyon	班夫	6/3～9/17	132	—	X
Lake Louise Tent	班夫	5/30～9/29	206	$27.4	√
Whistler	贾斯珀	5/3～10/14	781	$27.4	√
Wapti	贾斯珀	6/20～9/21	362	$27.4	√
Redstreak	库特尼	5/2～10/13	242	$27.4	√
Kicking Horse	幽鹤	5/17～10/14	88	—	X

Traveling in Canada

住宿篇

特色旅馆集锦
大学宿舍

学术气息浓厚的住宿选择

每年5月中旬到8月下旬学校放暑假期间，学生宿舍开放给游客住宿，设备及价格甚至优于一般青年旅舍。

温哥华西端的不列颠哥伦比亚大学

位于温哥华西端的不列颠哥伦比亚大学(University of British Columbia, UBC)提供青年旅舍式的床位，每人$35，虽必须与同一楼层邻居共用浴室及电视间，但却是独立的单人房或双人房。经济房每人一房$48～59，与3～5人共用浴室。基本套房$119～149，包括浴室、厨房甚至早餐。

宿舍房间多设有书桌、供应床单，入住须自备浴巾及肥皂、洗发精等用品。18岁以上才能订房，详情可查询网站。

网址：www.ubcconferences.com

不列颠哥伦比亚大学欧肯那根谷校区

另外，位于基隆拿(Kelowna)的不列颠哥伦比亚大学欧肯那根谷(Okanagan Valley)校区也提供暑期住宿，但要19岁以上才能订房。房型选择性较少，价格与温哥华校区相当。

网址：www.okanagan.ubcconferences.com

特色旅馆集锦
民宿

融入当地生活

由于旅游季节短，贾斯珀镇旅馆有限，纵使夏季价位高涨仍供不应求，民宿因而兴起补充旅馆床位，这成为贾斯珀国家公园住宿特色。

"核可民宿"招牌

小镇只有几条街，住宅及商业区都在步行范围内。经过民房常见门上挂着"核可民宿"(Tourist Approved Accommodation)招牌，表示民宅已经通过国家公园安全及卫生检查，可以接待观光客。按照国家公园管理局规定，每家最多能有3房用作民宿，而且房间门上必须张贴执照，说明最高收费。在贾斯珀国家公园访客中心可取得民宿名单，也可事先上网查询订位。

贾斯珀民宿协会
(Jasper Home Accommodation Association)
网址：www.stayinjasper.com

房间基本配备

贾斯珀民宿不同于一般认知的B&B(Bed & Breakfast)，很少供应早餐，房间却多附有咖啡壶、微波炉和冰箱，浴室或附在房间或公用，有些民宿提供电视，更另外设门让住客自由进出。民宿夏天住宿一夜在$80上下，比起镇上旅馆$200～300一宿相当实惠。

饮食篇
Food

在温哥华,吃什么地道美食?

气候温和、依山傍水的温哥华也是美食都会,
游客可以在海滨享用海鲜与海景,在花园里饮用英式下午茶;
来自世界各地的移民,也带来各具特色的族裔饮食;
而在落基山里,野味依然流行。

饮食文化

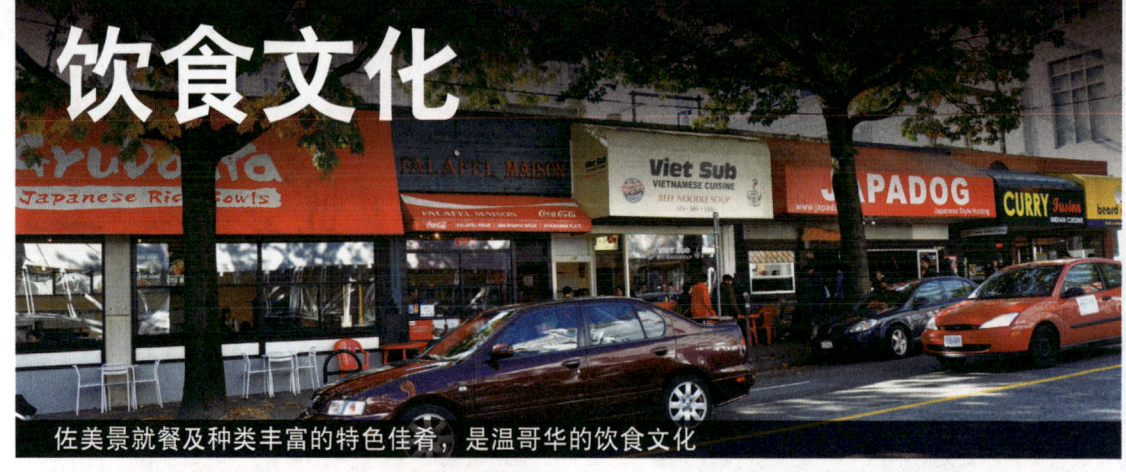

佐美景就餐及种类丰富的特色佳肴，是温哥华的饮食文化

海鲜丰富又新鲜
Gourmet

温哥华是加拿大西岸港埠，新鲜海鲜供应丰富，养在日本餐馆的刺身、寿司吧，中餐馆和华资超市的水箱。从餐馆到餐车都提供鲑鱼三明治，以鱼为食材的塔可饼(Taco)也日益流行。温哥华三面环海，吃海鲜很容易就佐以欣赏海景，甚至只在麦当劳吃鱼堡，窗外也便是海湾。

赏心悦目的花园餐厅
Gourmet

温哥华是园林城市，园林花草缤纷间也藏着美食。斯坦利公园的茶屋(Teahouse)、伊丽莎白女王公园的季节餐厅(Seasons in the Park)、范度森植物园的香榭餐厅(Shaughnessy Restaurant)佐餐的是赏心悦目的花园。

■ 斯坦利公园的茶屋：

www.vancouverdine.com/teahouse

■ 伊丽莎白女王公园的季节餐厅：

www.vancouverdine.com/seasons

■ 范度森植物园的香榭餐厅：

www.shaughnessyrestaurant.com

移民造就多样的饮食
Gourmet

温哥华是移民城市，移民来自全世界也带来族裔的特殊风味。意大利、法国餐馆代表欧洲饮食，英式下午茶蔚然成风。亚洲餐饮更像温哥华饮食主流，日本、中国、韩国、马来西亚、印度、越南、泰国菜各领风骚。墨西哥的塔可饼正步步进逼，蚕食市场。

吃在温哥华，可以很传统，也能很夸张。贝拉冰激凌店(Bella Gelateria & Gelato)还在用意大利的古老方法制作冰激凌；冰激凌之家(La Casa Gelato)琳琅满目的218种口味令人欲罢不能。

■ 贝拉冰激凌店：www.bellagelateria

■ 冰激凌之家：www.lacasagelato.com

▲ 冰激凌之家里甚至能看到中文，包括火龙果、菠萝口味的冰激凌

当地特色点心

河狸尾、普丁与港式点心

有趣可爱的河狸尾
Beaver Tails

加拿大最有名的甜点便是"河狸尾"。其实河狸尾只是一种面食,将全麦面皮拉长成河狸尾巴形状,放入油锅炸熟后,涂上奶油再加上其他配料如巧克力、香蕉和香料如肉桂粉即可食用。

这味甜点原来是加拿大东部一户人家的家传点心,1978年在一次嘉年华会摊位现身,之后成为首都渥太华冬季结冰的里多运河冰道(Rideau Canal Skateway)滑冰者零食,并在拜沃市场(Byward Market)设店,逐渐发展成连锁企业。2009年,美国总统奥巴马在访加回程途中,特别绕道拜沃市场购买河狸尾,大大提高了河狸尾的知名度。

河狸尾发源于东部也在东部较流行,在加拿大西岸想尝河狸尾,要往滑雪地寻觅,譬如北温哥华的松鸡山、2010年举办冬奥会的惠斯勒以及落基山的小镇班夫。

▲加拿大最有名的甜点:河狸尾

⁉ 河狸为加拿大国兽

加拿大与河狸有特殊渊源,欧洲人为采猎河狸皮毛到加拿大探险,也促成加拿大开发河狸,河狸因此在1975年被定为国兽(National Animal),加拿大5分钱硬币背面以河狸为图案,国家公园以河狸为标志。

原住民最熟识河狸,图腾柱只要雕刻河狸,必定突显两颗门牙及尾巴。门牙用作咬断树木枝干的工具,以收集建材及食物;尾巴入水即如船舵,用以掌控方向。原住民没想到的却是河狸尾竟会成为加拿大甜点。

▶原住民图腾柱常见露齿卷尾的河狸
▼国家公园以河狸为标志

酱汁淋漓的普丁

另一种加拿大特别的点心、也有人当正餐食用的"普丁"也起源于东部，20世纪50年代来自魁北克乡下。普丁主要成分就是炸薯条，也许因为加拿大东部天气冷需要更多热量，因而将炸薯条铺上乳酪丁(Cheese Curds)，再浇上浓稠的热肉汁(Gravy)；乳酪丁遇热肉汁不会完全融化且能拉丝，炸薯条加上热肉汁更有味道。

最初，普丁只在乳酪工厂附近地区流行，因为新鲜的乳酪丁较弹牙，放久或冷藏了会变硬。普丁普及后也就不再讲究了，而且顺应市场需求，口味不断增加并且加入肉丁、香肠丁甚至高档的鱼子酱、松露。蒙特利尔最有名的专卖店La Banquise普丁就有25种口味，更24小时营业。

受到La Banquise的启发，2008年始创于多伦多的Smoke's Poutinerie目前已发展至温哥华及卡尔加里，除了传统口味外，加上鸡、猪、牛肉配料变化风味，同时提供素食普丁。纽约普丁多分布在温哥华及卡尔加里购物中心的美食广场。快餐连锁店如哈维(Harvey's)、Dairy Queen甚至有些肯德基炸鸡店也出售传统普丁。

■ **Smoke's Poutinerie**：http://www.smokespoutinerie.com
■ **纽约普丁**：www.newyorkfries.com

▲ 炸薯条加奶酪丁浇热肉汁，配上肉类如培根

令人惊艳的港式点心

温哥华的茶楼点心在北美地区首屈一指，甚至超越香港。1997年香港回归中国之前，不少香港居民移居温哥华，带去港人饮茶习惯，也移进一批制作茶点的师傅，迄今大温哥华尤其列治文仍然茶楼林立，周末、假日甚至一位难求。

烧卖、虾饺、牛肉丸、叉烧包、肠粉、炸两、炸春卷、萝卜糕、奶皇包、流沙包、马拉糕、皮蛋瘦肉粥等饮茶点心任何一项都能胜过河狸尾与普丁。虽然说在加拿大应该入乡随俗，但在温哥华，饮茶及粤菜俨然是饮食主流。

早期饮茶的"一盅两件"，即一盅茶加虾饺与叉烧包，早已不能满足食客需求。在同业激烈竞争下，温哥华每家茶楼不但要保持本身特色，更要推陈出新。多数茶楼已经不再以推车运载茶点穿梭于顾客间，而是以单点菜，现点现做。萝

卜糕多数也不再平淡地煎，而要用XO酱煎炒。流沙包一掰开，奶油和咸蛋黄调和的馅真是像流沙般涌泻。炸两是以肠粉的皮包裹油条，有些表面还撒上肉松。干贝佛跳墙也在菜单上。

列治文的华裔人口密度最大，也聚集最多茶楼，较有口碑的包括麒麟、钓鱼台、新瑞华、尖东、海港大酒楼等，即使逗留列治文一周天天饮茶，难免仍有遗珠之憾。

钓鱼台海鲜酒家
Fisherman's Terrace Seafood Restaurant
地址：3580-4151 Hazelbridge Way, Richmond
电话：(604)303-9739
时间：周一～周三、周日11:00～19:00
　　　周四～周六11:00～21:00

麒麟海鲜酒家
Kirin Seafood Restaurant
地址：7900 Westminster Highway, 2nd Floor, Richmond
电话：(604)303-8833
时间：每天10:00～14:30

新瑞华海鲜酒家
Sun Sui Wah Seafood Restaurant
地址：102-4940 No. 3 Road, Richmond
电话：(604)273-8208
时间：周一～周五10:30～15:00，周末10:00～15:00

尖东新派食馆
Top Gun J&C Restaurant
地址：2020-8766 McKim Wy, Richmond
电话：(604)231-8006
时间：每天09:00～22:00

海港大酒楼
Sea Harbour Seafood Restaurant
地址：150-8888 River Road, Richmond
电话：(604)232-0816
时间：每天09:00～22:00

1.鲜虾肠粉／**2.**XO酱炒萝卜糕／**3.**马拉糕／**4.**炸两／**5.**虾饺／**6.**流沙包／**7.**烧卖／**8.**叉烧包

快餐简餐

五花八门，各取所需

想要快速地解决一餐，就来快餐店吧！麦当劳、汉堡王、肯德基、赛百味、必胜客，全球布局的快餐连锁店在加拿大都已家喻户晓。严格地说，这些快餐店都是舶来品，真正在加拿大创立，然后扩展至美国的咖啡／简餐店Tim Horton目前无论卖咖啡或简餐，都是加拿大市场的龙头老大。

Tim Horton
Fast Food

Tim Horton原是加拿大多伦多的冰上曲棍球明星，1964年开创第一家咖啡与甜甜圈店以后，他的名字便随着3 000多家店传遍加拿大，店招在机场、购物中心、高速公路边处处得见，成为加拿大咖啡及简餐的代表标志，国际知名的麦当劳、星巴克都望尘莫及，是加国快餐的龙头老大。

Tim Horton从只卖咖啡和甜甜圈，到目前为多品项餐单，意式烤三明治（Panini）是特色之一，玛芬（Muffin）口味多，贝果更受欢迎。据说，加拿大消耗的贝果，有一半出自Tim Horton。一些店同时经营酷圣石冰激凌（Cold Stone）。

1. 种类丰富的甜甜圈／2. 一些店同时经营酷圣石冰激凌／3. Tim Horton

Five Guys
Fast Food

说到汉堡，如果不怕高卡路里，也许能试试免费花生吃到饱的Five Guys。该店位于罗伯森街的店面空间不大，还堆叠着一袋袋马铃薯。就在汉堡制作的柜台前，大袋带壳花生任由顾客免费享用，空气里充斥着浓浓的汉堡味。

Five Guys：www.fiveguys.com

▲Five Guys罗伯森街的店面空间不大，还堆叠着一袋袋马铃薯

A&W
Fast Food

虽以卖汉堡为主，但1919年A&W却以根汁汽水(Root Beer)起家于美国加州中部小城，店名来自最初两位合伙人Roy Allen及Frank Wright的姓氏。

根汁汽水仍是快餐店提供的主要饮料，而其汉堡家族则在最初的爸爸(Papa Burger)、妈妈(Mama burger)、青少年(Teen Burger)及小童汉堡(Baby Burger)的基础上增加了3片汉堡肉、卡路里最高的爷爷汉堡(Grandpa Burger)，以牛腰肉为汉堡材料的伯叔汉堡(Uncle Burger)。加入培根是青少年汉堡的特色，青少年汉堡还有两片汉堡肉

A&W根汁汽水

根汁汽水(Root Beer)是添加植物根部抽取物的碳酸饮料，虽然名称带啤酒(Beer)，却没有酒精成分，喝起来有淡淡的药味，口味比较接近麦根沙士，但与沙士使用的却是不同植物。

据说，根汁汽水20世纪70年代曾经在台北销售，以冰过的杯子装盛，称作"冰杯露啤"。冰杯的传统其实还存在A&W店里，可以要求店员使用冰镇过的玻璃杯(Glass Mug)装饮料。

▲A&W汉堡的套餐(COMBO)由汉堡、根汁汽水组合，另外可在炸马铃薯条、炸番薯条(Sweet Potato Fries)或洋葱圈(Onion Rings)中任选一样。通常套餐会比3样分别买便宜

(Double Teen)及鳄梨(Spicy Guacamole Teen)两种口味。素食汉堡(Veggie Deluxe)迎合饮食时尚。

咖啡文化

享受悠闲的咖啡飘香时间

不知是气候温和或是依山傍水的地理环境的影响，温哥华人似乎总带着几分从容，喝咖啡也许不是上瘾，而是种闲情。

百怡咖啡

星巴克自然不会错失温哥华市场，温哥华主要街道、商场都能见到星巴克咖啡店。经常与星巴克毗邻的是温哥华本地的百怡咖啡(Blenz Coffee)。温哥华百怡咖啡地位就如星巴克在西雅图，但百怡较星巴克年轻，1992年才在知名的购物街罗伯森街(Robson St)开设第一家店。

百怡咖啡店最特别的饮料是抹茶拿铁(Matcha Latte)和比利时热巧克力。百怡摩卡咖啡标榜使用比利时巧克力而非巧克力粉或糖浆，还有添加白色巧克力的白摩卡咖啡。抹茶拿铁则将咖啡换成绿茶加牛奶，强调绿茶粉的有益健康且无咖啡因。

■ **百怡咖啡**：www.blenz.com

第二杯咖啡

以多伦多为根据地的第二杯咖啡(Second Cup)也在温哥华立足，其比较特殊的是"发现系列"(Discovery Series)咖啡产品。第二杯咖啡的发现系列咖啡全来自中、南美洲，包括哥斯达黎加、巴拿马、哥伦比亚、秘鲁及巴西。目前在卡尔加里已有很多家分店，温哥华还不普遍。除了连锁咖啡店，温哥华街头也散落着独立经营的咖啡店，这些小咖啡店各有特色，尤其春、夏季节，小店周围装饰满花篮，咖啡隐约增添了花香。

■ **第二杯咖啡**：www.secondcup.com

族裔特色餐

族裔荟萃，各具风味

温哥华是族裔熔炉，走过温哥华的罗伯森街，可以见到意大利、日本、印度、泰国、马来西亚、中国等国家的餐馆，也有法国可丽饼(Crepe)、意大利冰激凌、比利时巧克力等食品店，越南、韩国餐馆零散分布在附近。

日本海鲜 *Japan*

或许因为靠海容易获取海鲜，温哥华日本餐馆或寿司吧的数量不输中餐馆，但日本海鲜餐馆的气魄却不如中餐馆。从温哥华机场出关，立即能见到餐馆的阿拉斯加皇帝蟹(King Crab)广告。即使游览阿拉斯加，能吃到的也只是冷冻皇帝蟹；而在温哥华，活生生的皇帝蟹就在大缸里游。海鲜中餐厅强调的不仅是新鲜、还要活鲜，而吃皇帝蟹的最佳时节不在秋天而是春季。

越南河粉 *Vietnam*

散布于城街间的越南河粉店(Pho)、透露近年东南亚裔移入温哥华趋势。越南牛肉粉使用米粉，清汤是经过几小时熬制的牛骨香料汤。食客可以选择牛肉片、牛筋、牛肚或牛肉丸为主要食材，牛筋、牛肚和牛丸子都已炖好，牛肉片则视食客需求，以生肉、半熟肉铺在粉上，用热汤浇熟。

在端出牛肉粉前，店家会先送上一碟以豆芽为主，加上青辣椒片、罗勒及柠檬的配菜。等牛肉粉端上，配菜放进热腾腾的汤粉中，清脆的绿豆芽、翠绿的罗勒不但让汤粉增色，而且令汤清而不腻，粉柔软Q弹，难怪越南牛肉粉在温哥华日益受欢迎。

印度咖喱

温哥华有相当多的印度裔人口，因而印度菜很普遍。印度菜最大的特色是使用香料调味，最为人熟悉的是咖喱。实际上印度香料种类繁多，可以调配出多种口味，菜单上常见的马萨拉(Masala)就是综合香料。

虽然说是印度菜，但温哥华的印度餐厅却也因地制宜，保留了印度香料特色，蔬菜及肉却全都来自本地，也不忌讳猪肉、牛肉。最著名的印度餐馆Vij's没有窑烤鸡、奶油鸡，主菜牛肉、羊肉、鸡肉、猪肉和鱼、虾各一，菜单随季节变化，调配不同香料的咖喱酱汁，不但色香诱人，也颠覆印度咖喱只有一味的传统观念。

Vij's只供应晚餐，每天17:30开张，座位有限又不接受订位，经常大排长龙。如果赶不上17:30第一波，大约要等一个半钟头才能上桌。不过在等待期间店里会不时送一些小点心譬如炸薯条解馋。

■ **Vij's**：www.vijsrestaurant.com

香料腌制的窑烤美味 (Tandoori)

印度料理最基本的烹饪方式是窑烤(Tandoori)，"Tandoor"即是烤炉。窑烤鸡(Tandoori Chicken)便是先以香料腌制大块鸡肉，然后窑烤出炉食用。窑烤后再在另外调配的酱汁中加工，变化出奶油鸡(Butter Chicken)。这两道佳肴是最能被接受的印度菜。

1.香料烹饪出的印度香饭／2.窑烤后再在另外调配的酱汁中变化出奶油鸡／3.通常印度餐都会附原味馕，整片馕可用来包肉或菜，也可切开一片片当主食／4.窑烤馕，带着香浓的风土味／5、6.以小扁豆和米粉混合制作的多沙，也称"可丽饼"(Crepe)。多沙蘸酱(Chutney)有多种，盘内右边为椰粉酱，左边为姜汁、蕃茄、椰粉调配的酱料。中间的蔬菜浓汤(Sambaar)可饮也可蘸多沙吃

印度教徒不吃牛肉，回教徒不吃猪肉，吃素的人口多，在印度旅行，吃素反而方便；如果吃肉，通常是鸡肉和羊肉。由于羊肉接受度不如鸡肉高，因而以鸡肉和香料调制的印度菜种类较多，除了窑烤鸡、奶油鸡，作为前菜的小鸡块(Chicken Tikka)先用酸奶(Yogurt)和辣椒粉、姜蒜酱、柠檬汁腌制后，或是窑烤或就在木炭火上烧烤，其间不时刷奶油增味，然后香喷喷端上桌。

香浓风土味的印度馕 (Naan)

提到主食，印度香饭(Biryani)无论荤素都离不开香料。更有特色且好吃的是印度馕(Naan)。每年4～5月间行走印度乡间，路边不时出现麦田及收割的人、车，面粉制作的油炸点心更在街坊小店大油锅前堆叠成山。全麦面粉烤制的馕比吃烤鸭的荷叶饼更酥软、温润、有嚼劲，还带着香浓的风土味。

印度风小扁豆料理

冬麦收成后，季节风带来的雨水提供种植水稻环境，印度主食里因而有饼有饭。在印度餐厅免费赠送的前菜中，最常见小扁豆脆饼（Crispy Lentil Cracker）。印度小扁豆产量全球第一，小扁豆汤很平常，而以小扁豆和米粉混合制作的多沙（Dosa）类似中国北方的煎饼果子，却卷入香料调理的洋葱、马铃薯，因此更具印度风味。

⁉ 美味的咖喱印度菜

虽然都是咖喱，但每盘菜的咖喱却都不同风味。

1.**前菜的茄子**：以酸奶和蒜汁调咖喱／2.**香煎羊肉串**：用的是孟加拉（Bengali）风味咖喱／3.**主菜的羊肉棒**：以葫芦巴子（fenugreek）调咖喱／4.**猪排**：以红心辣椒和姜汁调咖喱／5.**鸡胸**：以小豆蔻调咖喱

饮食篇

香港烧腊

温哥华经营饮茶的餐馆也多是海鲜餐厅，难怪虾饺、虾肠粉等所有与虾有关的产品里的虾仁都是又大又肥美。饮茶、海鲜餐厅口味比较倾向粤菜，而烧腊是粤菜主要一环，烧腊因此在温哥华也是群雄并起、百家争鸣的局面。

烧腊大致包括烧鸭、叉烧、油鸡、烧肉。在温哥华吃烧腊，可以到餐厅、也可以到独立的烧腊店；但是只经营烧腊的店家未必设有座位，有些甚至也卖生肉，因此顾客多是买回家食用。口碑好的烧腊店经常需要排队等候，例如列治文百家店烧腊，下午三四点就见人头攒动；以烧鸭知名的明家烧腊专家，有时不到晚餐时间烧鸭便已售罄。如果到本拿比(Burnaby)铁道镇(Metrotown)购物，附近丽晶广场(Crystal Mall)2楼美食广场(Food Court)的龙华烧腊也不错。

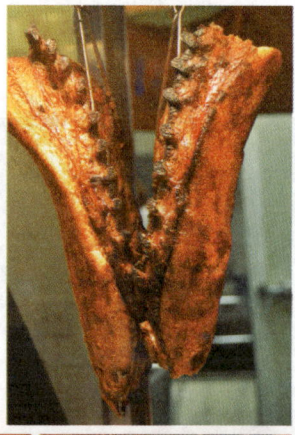

烧腊饭基本上是一盘饭，顾客可以在烧猪、烧鸭、豉油鸡、叉烧等烧腊中选择任一样、两样（双并）或三样(三并)当副食，浇上肉汁再附上少许青菜。选样越多价格就越高，在$7～10之间。如果油鸡要的是"走地鸡"，即土鸡，还要另加$2。

百家店烧腊
Parker Place Meat & B.B.Q.
地址：1020-4380 No. 3 Road, Richmond
电话：(604)233-1138
营业时间：每天11:00～19:00

明家烧腊专家
HK B.B.Q. Master
地址：4651 No. 3 Road, Richmond
电话：(604)272-6568
营业时间：周日～周二11:00～20:00

龙华烧腊专门店
地址：4500 Kingsway, Burnaby, Crystal Mall Food Court
电话：(604)433-8261
营业时间：每天11:00～21:00

原住民野味

加拿大的山珍海味

欧洲、亚洲人未移入前,位于太平洋西北岸的温哥华是原住民的家,鲑鱼、野味(野牛、野鹿)及莓果(Berries)就是他们的主要食物。如今在人工刻意培育下,鲑鱼资源仍然丰富,野生或农场种植的莓果挂满藤蔓或灌木,野味则要到特殊餐厅寻觅。

温哥华野味 Vancouver

温哥华百老汇街(Broadway Ave)上有不少知名餐馆,其中Salmon n' Bannock是温哥华仅见、以原住民食物为主的餐厅。该餐厅使用鲑鱼、野味及莓果做食材,因此游客能吃到野生红鲑及鲑鱼制作的前菜如糖鲑鱼(Candied Salmon)、脆鲑鱼、鲑鱼慕斯,也有炖鹿腱、鹿肉香肠、野牛肉汉堡,甚至麝香牛肉(Muskox)。莓果大半为甜点材料。

■ **Salmon n' Bannock**:www.salmonandbannock.net

落基山野味 Rockies

野味在加拿大落基山更流行。原住民很早就在落基山中捕猎,并以熏干或风干储存猎物的肉过冬。火车将观光客带入落基山,旅馆餐厅就取材烹调野味。来自瑞士的登山向导也学会原住民的饮食方式,野味包括野牛肉、野鹿肉、野猪肉甚至野兔肉、野鸭肉都端上餐桌。

但是野味来源逐渐减少,收成也不稳定,于是在20世纪90年代后期,有牧场开始放养野牛及野鹿供应餐厅。而今在落基山上吃野味,不但是风味餐,也有几分显示身家的味道,因为供应野味的餐厅,例如最早以野味招徕的翡翠湖旅馆(Emerald Lake Lodge)价格并不那么大众化。

■ **班夫 Buffalo Mountain Lodge**:
www.crmr.com/buffalo
■ **露易丝湖 Deer Lodge**:www.crmr.com/deer
■ **翡翠湖 Emerald Lake Lodge**:
www.crmr.com/emerald

⁉ 需要准备多少小费?

理论上,小费是对服务的奖赏,服务不好,可以不给。但是,到餐厅用餐给小费似乎已经变成习俗,尤其晚餐,通常是消费额的15%~20%。不过,无论顾客愿不愿意,不少餐厅会将小费直接打入账单。因此,用餐后要小心检查账单,一方面看看有无错误,另一方面看看金额是否包含小费(Tips或Service Charge),如果已经收了小费,就别再付了,除非服务好到令人想掏腰包。

街头餐车

经济实惠的路边美食

午时分，温哥华城中心的上班族纷纷走出大楼寻觅午餐。时间可能不允许进入餐厅从容地用餐，钱包也是另一个考量因素；快餐、简餐吃腻了，况且一顿也要$10上下；理论上节约时间及荷包的餐车(Food Trucks & Carts)应运而生，错落分布于城中心街道，售餐时间多在周一～周五11:00～15:00。

温哥华的族裔特色也表现在餐车上。Soho Road及Vij's Railway Express卖的都是印度料理，Vij's Railway Express是Vij's印度餐馆的延伸，标榜"移动的咖喱艺术"；Soho Road餐车带着窑烤炉，用现烤的馕包裹窑烤鸡、小鸡块或奶油鸡。由于现烤现做，口碑颇佳，只是原本计划中的餐车快餐变成考验耐心的午餐。

餐车内容有些简单，有些繁杂。例如Roaming Dragon餐车模仿亚洲国家饮食，菜单涵盖韩、日、中、马来西亚、印尼、泰国口味；Re-Up BBQ就两味：慢火炖肉(Pulled Pork)和牛腩三明治。

日本风味的热狗餐车
Japadog

热狗餐车在一般城市最常见，但在温哥华，热狗不仅是热狗，而是加上日本风味的日本热狗(Japadog)；日本热狗餐车号称温哥华最热门餐车。日本热狗由一对日裔移民夫妇创立于2005年，靠着顾客间口碑相传逐渐发展。2010年冬季奥运会期间，两处摊位每天大排长龙引来媒体报道，致使日本热狗声名大噪，因此日本热狗除了增加摊位和餐车，还在罗伯森街开张一家小店。

日本热狗原料包括牛肉、猪肉、奶酪及墨西哥辣椒(jalapeño)。比较特别的是，平时吃热狗用的芥末和番茄酱由照烧酱及美乃滋代替，上面铺着海苔丝、萝卜丝或柴鱼片。

▲ 热狗不一定是热的，"冰年代"(AGE ICE)系列，面包包的是冰激凌　　▲ 日本热狗餐车

墨西哥的塔可饼餐车 Taco

塔可饼似乎有超越热狗摊或餐车的趋势。塔可饼的饼为玉米粉或面粉烙成的薄饼(Tortilla)，墨西哥人喜欢用薄饼包卷烤肉，佐以鳄梨酱、洋葱粒及切碎的香菜，并淋上柠檬汁食用，一般称作塔可饼。在墨西哥沿海地区，肉类换成以粉包裹并油炸的鲜鱼，作料有时是高丽菜和胡萝卜丝加美乃滋。

Feastro the Rolling Bistro被温哥华杂志(Vancouver Magazine)称作城里最好的塔可饼。Roaming Dragon有韩国小排及马来鸡塔可饼。Cartel Taco以韩式的烧炙法烤牛肉、猪肉，保留了墨西哥薄饼和洋葱、香菜、柠檬，却又加入韩国泡菜。来自温哥华岛托菲诺(Tofino)的Tacofino，即是采取本地食材，以炸鱼塔可饼招徕，被誉为不列颠哥伦比亚省最佳炸鱼塔可饼。

餐车也供应普丁 Poutine

另外，数辆餐车也供应普丁，例如专营鲑鱼三明治及野味汉堡的The Kaboom Box，及供应希腊餐的Nu Greek Street都卖普丁。Fresh Local Wild更提供海鲜普丁及巧达(Chowder)普丁。海鲜及巧达普丁里少了奶酪粒，尽管毁誉参半，但却有当地特色。

1. Korean Mama Express韩国妈妈餐车，少不了韩国泡菜／**2.** 华人经营的风味鸡肉卷餐车／**3.** Cazba Express主要卖卷饼，包括安格斯牛排卷饼($7)、鸡串烧卷饼($6)、碎牛肉串烧卷饼($5)／**4.** TACOFINO来自Tofino的炸鱼塔可饼／**5.** Feastro以海鲜为号召，提供炸鱼塔可饼、鱼三明治、炸鱼、蟹肉卷／**6.** Mom's Grilled Cheese面包和炙烧奶酪的组合，标榜有妈妈的味道

不列颠哥伦比亚省莓果

莓果国度莓果多

明知BC代表不列颠哥伦比亚省(British Columbia)，指的是当初属于英国版图的哥伦比亚河(Columbia River)流域地区，我却觉得BC也可以是"莓果国度"(Berries Country)，因为不列颠哥伦比亚省盛产莓果。每年5月中旬开始，草莓、覆盆子(Rapsberry)、蓝莓(Blueberry)、黑加仑(Black Currant)、鹅莓(Gooseberry)、黑莓(Blackberry)陆续上市；郊野或河滨、树林间的鲑鱼莓(Salmonberry)、顶针莓(Thimbleberry)、黑莓遍地，却只供应虫鸟。

1.覆盆子／**2.**蓝莓／**3.**黑莓／**4.**顶针莓／**5.**鲑鱼莓／**6.**蔓越莓

难得一见的蔓越莓水田收成
Cranberry

10月初田野间最富戏剧性的是蔓越莓(Cranberry)收成景观。田里灌满水，缠着头巾的锡克族人在水中推铲车，车过处便浮起一粒粒蔓越莓；随着时间推移，一粒粒逐渐变成一抹抹，最终变成红色水田，水面布满莓果。工人将莓果拢在一块儿，水管将果实吸入货柜，然后运往工厂处理。水收的蔓越莓多加工成果汁及果酱、果干，很少生食，但温哥华的西式甜点，蓝莓以外，最常用的材料便是蔓越莓。

■ 交通资讯

9月底、10月初如果走访列治文，不妨驱车(公交车不到，步行有点儿远)沿Cambie Road一路东行，过No. 7 Road后，道路左边就会陆续出现洼田、水渠。收成没有时间表，虽然赶上季节，但看不看得到"美景"，有时候也要碰运气。

▲ 草丛里的红色宝石

▲ 收成的蔓越莓

▲ 蔓越莓水田收成

玩乐篇
Sightseeing

加拿大怎么玩？

加拿大幅员广大，要从哪里开始玩？本篇从温哥华和落基山两块区域出发，带你玩遍两地超级景点，并深入探索景点背后的奇闻逸事。

温哥华旅游指南

温哥华是大花园

斯坦利公园及伊丽莎白女王公园、范度森植物园及不列颠哥伦比亚大学植物园、中国园林及日本园林四时彩绘自然。温哥华是加拿大西岸门户,玻璃幕墙高楼下,谦卑的煤气镇和中国城款款展露温哥华身世。而在山海围绕的城市边缘,有绿荫浓密的温带雨林,有绿意覆盖的花圃农田,也有靠海为生的渔村。

温哥华是族裔熔炉

原住民以图腾柱陈述家族故事,欧洲移民建筑起现代城市,亚洲移民急起直追,"印度城"里处处香料、丝绸,华人更将版图扩张出传统的"中国城",滨海的列治文(Richmond)俨然是个"小台北"。

全球宜居城市排名数一数二

温哥华上山下海可以在同一天并行;温哥华也是美食天堂,华裔居民会夸张地说:"我们早晨饮茶漱口!"无论是英国伦敦《经济学人》(Economist)杂志,还是美国纽约的美世(Mercer)人力咨询公司全球评比,温哥华都是美洲最适合居住的城市。

时差调整

温哥华属太平洋时区,夏时制较北京时间慢15小时,冬令时间则慢16小时。所以请把手表指针夏天倒推15小时,冬天倒推16小时。

北京时间	温哥华时间	
举例	夏天	冬天
15日08:00	14日17:00	14日16:00

温哥华气候

温哥华天气为温和的海洋性气候,终年多雨,11~12月最湿,7~8月最干燥。雨多营造出茂密的温带雨林。

温哥华全年每月的平均温度
(摄氏/资料来源:www.theweathernetwork.com)

月份	1月	2月	3月	4月	5月	6月
温度	4.8	5.9	7.6	10	13.2	15.9
月份	7月	8月	9月	10月	11月	12月
温度	18.1	18.3	15.4	11.1	7.1	4.8

温哥华9天行程规划

Day 1 盖士镇(p.102)→中国城(p.104)→斯坦利公园(p.111)

Day 2 松鸡山(p.118)→卡皮兰诺吊桥(p.117)

Day 3 伊丽莎白女王公园(p.113)→范度森植物园(p.115)

Day 4 格兰维尔岛(p.109)→不列颠哥伦比亚大学人类学博物馆(p.148)

Day 5 列治文(p.106)→瑞菲尔候鸟保护区(p.120)

Day 6 温哥华→维多利亚(p.122)→布查特花园(p.124)

Day 7 维多利亚(p.122)→费斯嘉灯塔(p.125)→埃斯奎莫尔特泻湖(p.126)→黄金溪省立公园(p.145)→邓肯(p.155)→彻梅纳斯(p.127)→纳奈莫Departure Bay渡轮码头(p.125)

Day 8 纳奈莫(p.125)→西温哥华→惠斯勒(p.134)

Day 9 惠斯勒(p.134)→甘露(p.132)→落基山国家公园全览第1天行程(p.160)

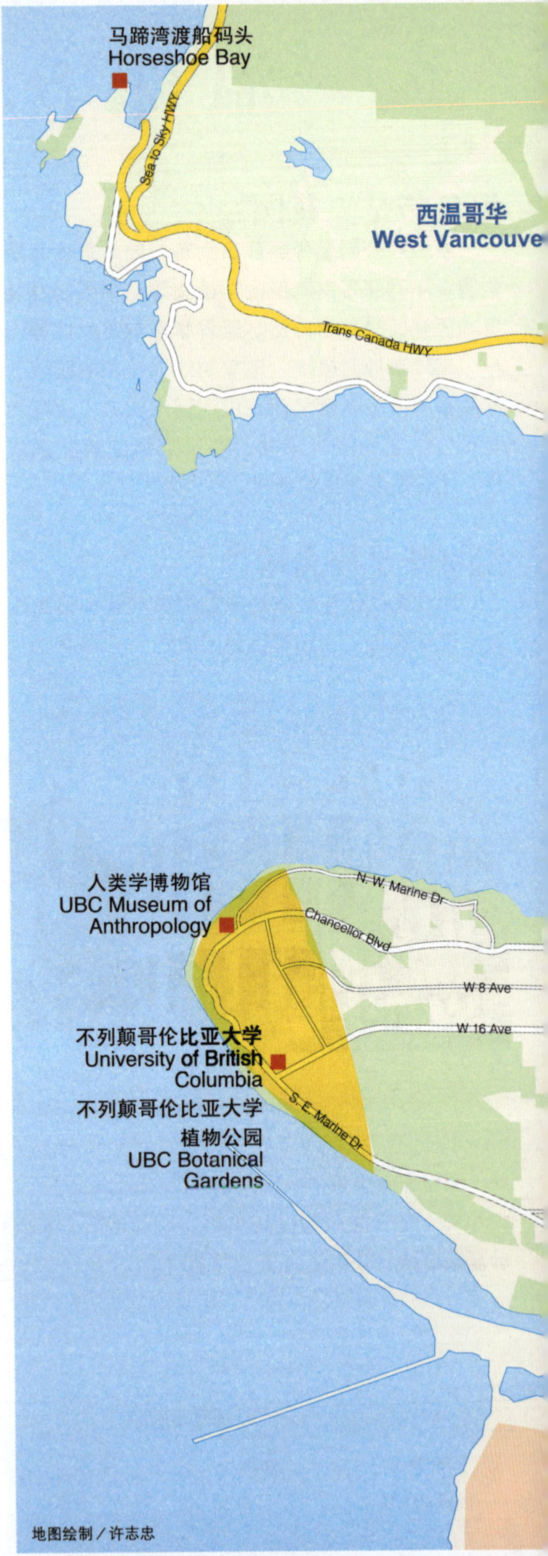

马蹄湾渡船码头
Horseshoe Bay
Sea to Sky HWY
西温哥华
West Vancouve
Trans Canada HWY
人类学博物馆
UBC Museum of Anthropology
N. W. Marine Dr
Chancellor Blvd
W 8 Ave
W 16 Ave
不列颠哥伦比亚大学
University of British Columbia
不列颠哥伦比亚大学植物公园
UBC Botanical Gardens
S. E. Marine Dr

地图绘制／许志忠

温哥华城市漫步
盖士镇
Gastown

温哥华起源地

19世纪中期,温哥华广袤的森林吸引伐木工形成聚落,接踵而至的是修筑加拿大太平洋铁路的工人。工人业余最喜欢"英国盖士"(Gassy Jack)的威士忌酒和他的胡吹乱盖。盖士原名约翰·戴顿(John Deighton),因为嗜酒,黄汤下肚后便喜欢高谈阔论,因此被称为盖士。

他一生与酒结下不解之缘,1867年在如今卡罗街(Carrall St)与华特街(Water St)交口开设沙龙,成为方圆48公里内唯一的酒馆,因而经常高朋满座。为保持酒牌资格,盖士被迫同时开设旅馆。但由于旅馆设备简陋,为防止住客抱怨,每天早餐前盖士必定先奉送"开眼酒"(eye-opener)。

盖士生前购地开设旅馆及酒店汇聚人潮,人们渐渐将这里称作Gassy's Town,简称Gastown。盖士作古后,拓荒先驱议决将聚落定名为"温哥华"。20世纪70年代市府都市更新计划重建盖士镇,石板步道两旁设置瓦斯灯,平添几分古意。散步于古镇中还可以采购纪念品,享受路边餐馆的悠闲和飘浮在空气中的咖啡香。

▲木材仍然以水路运输

www.gastown.org
- 介于Water St(北)、Cordova St(南)、Cambie St(西)及Columbia St(东)间的区域
- 轻轨Canada Line出Waterfront站,左转沿Water St.步行可达

▲艺人当街作画

▲1886年大火后重建的阿罕布拉旅店

盖士铜像(Gassy Jack's Statue)
枫树下的拓荒先驱

1886年6月一场大火烧去盖士的产业,却烧不去盖士传奇;100年后,温哥华一位房地产商为盖士立铜像,并称他"盖士镇之父"。铜像立于老枫树下,底部的说明写着:在此处的老枫树下、1886年拓荒先驱将此地命名为温哥华。

盖士镇蒸汽钟(Steam Clock)
号称世界最古老的蒸汽钟

盖士铜像所在的枫树广场外,盖士镇蒸汽钟是最多游人留影的地方。老钟以地下管线送出的蒸汽为动力,号称世界最古老的蒸汽钟,游客在钟下痴痴等待的是每15分钟的喷气和每个钟点伴随水汽演奏的音乐。

盖士铜像
➡ 步行,位于Water及Carrall两街交会点

盖士镇蒸汽钟
➡ 步行,位于Water及Cambie两街交会点

▲ 盖士铜像

▲ 世界最古老的蒸汽钟

温哥华城市漫步
中国城
Chinatown

华人在温哥华的历史轨迹

温哥华尚未设市前，如今片打街(Pender St)与卡罗街(Carrall St)交界附近的上海巷(Shanghai Alley)聚居了上千华人，这些人多半于加拿大太平洋铁路竣工后滞留温哥华，并陆续发展商业、社团，形成自给自足的社区。

- http www.vancouver-chinatown.com
- 介于Pender St(北)、Keefer St(南)、Carrall St(西)与Gore St(东)之间的区域
- 轻轨Expo Line及Millennium Line出Stadium-Chinatown或Main Station，公交车3、4、8、10、14、16、19、20、22路。到达中国城后，步行即可游览所有景点

▲ 中国城风貌

上海巷
- 位于West Pender与Taylor St交会口

上海巷(Shanghai Alley)
借着铜钟、泛黄的照片翻阅华人的过去

1920年前，上海巷和广东巷便是温哥华华裔移民的主要活动范围，戏曲唱腔、麻将声及往来电车铃声都成为居民生活的一部分。20年代以后，中国城向缅街(Main St)东移，上海巷开始没落，随着市政府封闭上海巷建成仓库，上海巷终于走进历史，但中国城却未陪葬。

2002年2月"华埠历史巷"重新开放，围绕着姊妹市广州所赠送的铜钟，借着泛黄的图片及文字，上海巷的过去又被一页页翻阅。

三记行(Sam Kee Building)
世界最窄的楼房

1904年，商人叶生开始带领兴建紧邻的广东巷，并将华工安置在一栋7层楼公寓里。虽然中国城商店、人口增加，但政治及居住环境并未改善，加拿大政府于铁路完工后立即向留下来的华人收取50元人头税，1903年更增至500元。楼房公寓住客拥挤，一铺甚至多人合用，洗澡还必须付费到三记行底楼使用浴室。

1912年市府即下令征收土地拓宽片打街，由于未获政府补偿，三记行店主陈才便在片打与卡罗街交界仅有的土地上再建店面，1.8米宽的店面因而成为"世界最窄的楼房"，也成为中国城观光点之一，地下室华工澡房更记录下早期华人生活片断。

三记行
📍8 West Pender St

中华门
📍50 East Pender

中华门(China Gate)
中国式小桥、流水、飞檐精致怡人

中国城于20世纪70年代被市政府列入历史区重建，得以保存往昔风貌。1986年世界博览会中国馆留下的牌楼"中华门"多年来已成中国城地标，牌楼内孙中山公园(Dr. Sun Yat-Sen Garden)里花木扶疏、小桥、流水、飞檐装点的苏州亭园精致怡人，也成为温哥华观光点。

沿片打街经过Columbia Street后，中国城传统市场逐渐出现，生猛海产、新鲜蔬果与参茸等干货铺陈街侧，让人仿佛又回到往日时光。

温哥华城市漫步
列治文
Richmond

现代城市渔村风貌

华人聚集的列治文市也是值得游览的城市。城市西南角的史蒂夫斯顿村(Steveston Village)渔人码头是最热门的观光点，乔治亚湾罐头厂(Gulf of Georgia Cannery)则记录了城市的过去。

列治文由菲莎河冲积的17岛组成，市区位于最大的"鹭岛"(Lulu Island)，温哥华国际机场则位于第二大的"海岛"(Sea Island)。露露岛以女艺人露露小姐(Lulu Sweet)命名，却没有证据显示露露小姐曾经涉足列治文。

▲ 列治文市以捕捞鲑鱼制作罐头起家

http www.richmond.ca
- 轻轨Canada Line有4站在列治文，Bridgeport站可转支线到温哥华国际机场，Aberdeen、Lansdowne、Richmond-Brighouse站都在繁华的商业区，Richmond-Brighouse站是Canada Line起站(终站)

西方亚洲特区
- 介于Westminser Highway与Cambie St间的3号路沿线
- 轻轨Canada Line Lansdowne或Aberdeen Station，公交车403、410路

西方亚洲特区(Asia West)
24小时不打烊的不夜城

中环、置地及统一、新时代广场，加上时代坊、八佰伴、百家店购物中心分布于列治文最热闹的3号路，组成"西方亚洲"特区。驱车行经市区，放眼尽是中文商招，盈耳则是粤语、普通话及台湾话交杂，直教人分不清身在何处。先是中国香港再是中国台湾与中国大陆华裔移民接踵而至，如今华人已占列治文半数人口。也由于华人多，华资商店林立，中餐馆多且铆足劲竞相招徕，使列治文几乎成为24小时不打烊的不夜城。

Traveling in Canada

玩乐篇

冬奥巨蛋(Olympic Oval)
屋顶奇特的列治文新地标

列治文最新的地标为冬奥巨蛋，位于菲莎河口河堤畔，是为迎接2010年冬奥会而兴建。屋顶设计采苍鹭(Blue Heron)展翅造型，可收集雨水以供滑道制冰与浴厕用水，多余的则流储于馆外的水池中，留供夏天枯水期浇洒花木。屋顶奇特的木波(Wood Wave)设计由上百万木块构成，这些木块来自不列颠哥伦比亚省被松线虫(Pine Beetles)破坏林木的废物利用。馆内主要设施是400米速滑滑道，供快速溜冰比赛用，平时可供市民进行溜冰、健身、球类等各类体育活动。

冬奥巨蛋
- 6111 River Road
- 轻轨Canada Line Aberdeen Station下车，取道Cambie St西行，遇River Road左转，沿河南行约1公里

渔人码头(Fisherman's Wharf)
坐在甲板上沐浴海风

虽然航运、农业、高科技、零售、观光业收入都进入列治文财库，但该城市的根却植于渔业。列治文捕鱼业辉煌岁月虽然消逝，但史蒂夫斯顿渔港仍旧保有加拿大最大的商业捕鱼船队，渔港往昔风貌则留存于渔人码头及乔治亚湾罐头厂。

如今史蒂夫斯顿村渔港依然桅杆交错，每逢周末，载回新鲜鱼虾的渔民便将船停靠码头，本地居民忙着抢鲜，观光客也穿梭其间凑热闹。夏日旅游旺季，渔人码头车水马龙，空气中飘浮着炸鱼、烤肉香，游客或是游走纪念品店寻宝，或是握着冰激凌卷筒坐在甲板上沐浴海风煦日，一面欣赏即兴演唱。

渔人码头
- Steveston Village
- 公交车401、402、407、410路

▲ 渔人码头

▲ 渔人码头集市

乔治亚湾罐头厂

乔治亚湾罐头厂
- http://www.gulfofgeorgiacannery.com
- 12138 Fourth Ave., Steveston Village
- 公交车 401、402、407、410 路

乔治亚湾罐头厂(Gulf of Georgia Cannery)
借着老照片还原工厂实景

19世纪末期,鲑鱼船队便已聚集列治文码头,鲑鱼罐头工厂应运而生,其中以乔治亚湾罐头厂的规模最大。1979年加拿大联邦政府买下罐头厂,改作国家历史古迹,并于工厂百周年时开放参观。

走进罐头厂,生产线从码头卸下鱼货开始,分类、称重量、去头尾、破膛、清洗、切块、装罐、检验、蒸熟、贴标签、装箱、装上卡车,模型展示的鲑鱼罐头制作过程栩栩如生。借着老照片还原现场,输送带转动声伴着此起彼落的吆喝,清洗鲑鱼的水声中夹杂女工的家常闲话,宰鱼的机器声间鲑鱼头、尾、内脏漫天乱飞。30名华工也许是最埋头苦干的一群,1分钟处理5条鱼的速度让其他族裔很难匹敌,因此机器发明以前,华工控制着生产线速度。使用机器以后,穿着雨衣掌控机器操刀的还是华工,也难怪机器被命名为"铁华工"(Iron Chink)。乔治亚湾罐头厂也展示鲱鱼加工过程、西海岸渔业发展历史、渔民作业方式及工具。

温哥华城市漫步
格兰维尔岛
Granville Island

活力海湾市场

1859年，乔治·理查德船长(Captain George Richards)为寻找前往亚洲的"西北通道"进入海湾，船行不久却发现海湾终止于沼泽，更像一条溪流，因而称海湾为"误溪"(False Creek)(或称福溪)。

误溪与海洋交汇的沙洲曾是原住民冬季鱼场，1915年温哥华海港局向联邦政府取得沙洲后发展成格兰维尔岛，并于1950年重建误溪南岸为住宅及商业区，艺术家将工作坊搬入格兰维尔岛，1979年开张的格兰维尔岛公共市场(Public Market)更聚集了新鲜果蔬、肉类、海鲜摊贩及饮食店，也招徕人潮，逐渐成为温哥华主要观光景点。

城市的活力充满格兰维尔岛，市民享受传统市场的新鲜，观光客穿梭在摊贩、工作坊间探寻城市的脉动，艺人即兴演奏乐器或表演魔术、杂

▲误溪，小水巴悠然往来水波间运载游客

耍都能赢得掌声，溪中小水巴悠然往来水波间运载游客。坐在公共市场外临水甲板上，对岸温哥华高楼似乎遮去骄阳，清风拂面，还真难分清楚是海风还是溪风。

www.granvilleisland.com
轻轨Canada Line 出Olympic Village换乘公交车50路

▲格兰维尔岛公共市场

温哥华城市漫步
城市公园
City Parks

夏天绿荫覆罩，秋季枫红层层

　　温哥华是嵌在山水中的城市，即使市中心高楼连云，楼间巷道也能欣赏海湾与青山。温哥华是园林都会，斯坦利公园、伊丽莎白女王公园早已成观光胜地，范度森植物园最能留住春色。驱车兜风，巷弄之间春日樱花夹道，夏天绿荫覆罩，秋季枫红层层，每一转弯都教人惊叹。

　　春最爱驻足园林温哥华。3月底，樱花先捎来春的信息，不同品种的樱花有默契似的陆续开放，羁绊住春的脚步，粉白的李花、娉婷的木莲都争不过樱花，只能坐望风起时花海翻腾。等不及樱花退位，蛰伏了一冬的喇叭水仙和郁金香听到春的脚步便光鲜亮丽地登场，将娇艳铺张在道旁、园林及人家的花圃，春也不再含蓄，任由花瓣渲染成色彩缤纷。

　　即使不再抢眼，樱花坚持装点温哥华到5月。山杜鹃(rhododendron)也不等郁金香香消玉殒，披着一身粉嫩或艳红，迎向淡淡的3月天，4月底更浩浩荡荡上场，用花色挑战光谱，甚至压去牡丹风采。

斯坦利公园(Stanley Park)
各国游客必定走访的观光点

"**全**时间提供所有肤色、信仰、习俗的人们使用和享受，我将此地命名为斯坦利公园。"1889年10月，加拿大总理斯坦利(Lord Stanley)开启1 000亩地的公园，不但温哥华居民受惠，也成为世界各地游客必定走访的观光点，估计每年800万游客到访。

斯坦利公园既是森林，也是花园、球场和游乐场，浓绿的红杉林庇护淡绿的藤枫、莓果丛及蕨类，春天樱花的嫩粉、夏日玫瑰的艳丽、秋天的枫红层层在不同季节为公园渲染上不同色调，永远不变的主调还是绿色。加拿大雁、海鸥和居民、游客及板球和草地保龄球员分享如茵绿地，进行慢跑、轮滑、骑自行车的人和散步的人群共享海湾步道，天鹅、绿头鸭家族最爱悠游于河狸湖(Lake Beaver)及失落湖(Lost Lagoon)湖波间。

斯坦利公园
- www.vancouver.ca/parks
- West Georgia St底，接上Stanley Park Causeway
- 轻轨Canada Line出Waterfront站，出站左转沿Seymour St上坡，在与Pender St交口处换乘公交车19路入园

游客们最爱观赏图腾柱和狮门桥

游览斯坦利公园，多数观光客都逗留布洛克顿角(Brockton Point)、眺望角(Prospect Point)。布洛克顿角的图腾柱概略说明原住民以柱记事的习俗(p.146)。眺望角是斯坦利公园最高点，从眺望角可以看到1939年启用的狮门桥(Lions' Gate Bridge)。狮门桥由双狮把关，几分神似金门大桥，只是桥身以绿色取代抢眼的橘红；为连接北温及西温主要桥梁，桥上车辆川流不息，桥下不时可见出入温哥华港的大型游轮、货轮及小游艇和帆船。

▲图腾柱

▲狮门桥，几分神似金门大桥

▲天鹅、绿头鸭家族最爱悠游于河狸湖，湖中的突起是河狸搭建的家

大型水族馆，饱览千种水族生物

孩童更喜欢公园里的小火车、小动物和寓教于乐的水族馆。水族馆水缸里大大小小的水母不停地沉浮，仿佛满天降落伞；海葵随着水流摇摆，像舞蹈的长筒袜；热带鱼穿梭珊瑚礁间比优雅也比亮丽；世界第一大河亚马逊河(Amazon River)雨林中蝴蝶翩翩起舞，蓝色的大蝴蝶总不肯歇息，镜头很难捕捉到它的身影。

原来青蛙与恐龙是同辈

除了加拿大太平洋及不列颠哥伦比亚省沿岸水族，水族馆也聚集了热带海洋生物，更为青蛙专门开辟展览场。从沙漠到极地，除南极外，世界上有4 000多种蛙类。恐龙灭绝了，与恐龙同辈的青蛙却能经历4次冰川期，依然活跃于地球上。青蛙馆详尽介绍青蛙生态，也叙述原始民族对青蛙祈雨的寄望、现代人以青蛙验孕及预测气象的有趣故事。

最受欢迎的白鲸秀

海獭、海豚、海狮及海狗，还有一群企鹅，都是水族馆居民，但最受欢迎的却是白鲸。白鲸是加拿大鲸鱼族群中最大的一支，居住于极地冰洋，每年春季破冰后多聚集于河口，一面洗浴一面脱皮。水族馆的白鲸没有觅食及迁徙的烦恼，虽然住所不如冰洋广阔，但却也显得自在悠闲。

不像其他鲸鱼无法摇头，白鲸构造接近海豚，因此白鲸不时将头露出水面，左顾右盼，得意扬扬，或将尾巴伸出水面招摇。一旦在训练人员指挥下开始表演，白鲸更使出浑身解数喷水拍尾，直乐得孩童惊叫连连。

1.水母不停沉浮，仿佛满天降落伞／2.白鲸表演／3.企鹅／4.海獭／5.海豚／6.海狮

伊丽莎白女王公园
(Queen Elizabeth Park)
温哥华第一处公共公园

1939年5月，伊丽莎白女王偕夫婿爱德华六世访问温哥华，掀起一股热潮，市民挤向温哥华旅馆希望一睹皇室风采，市府特别将规划中的市民公园命名为伊丽莎白公园。

占地789亩的伊丽莎白女王公园曾是市府采石场，从"小山"采下的砂石铺设温哥华第一条道路，挖空的凹地用作市民饮用水蓄水池。20世纪30年代在不列颠哥伦比亚省郁金香协会敦促下，市府才考虑仿效温哥华岛的布查特花园(Butchart Gardens，见p.124)，填洼地建立第一处公共公园。

繁花似锦的采石场花园

采石场造成的两座花园以小径相连，北采石场花园规模较小，却提供坡顶的季节餐厅(Seasons)室外园景。站在坡顶观景点远眺，北温哥华高山下便是温哥华市区高楼天际线，伯纳德内湾一水如带区隔两地，游客览胜之际，也不忘与《照相》(The Photo Session)雕塑合影。该雕塑是作者约翰逊(J. Seward Johnson Jr.)送给公园的纪念品。游客通常更喜欢流连于小桥流水营造、繁花似锦的大采石场花园。

伊丽莎白女王公园
- www.vancouver.ca/parks
- cambie St & 33rd Avenue
- 轻轨Canada Line出Oakridge-41st Ave站，在Cambie St搭公交车15路于33rd Ave下车；轻轨Canada Line出King Edward站，沿Cambie St南行

1.温哥华市区高楼天际线／2.雕塑《照相》／3.繁花似锦的大采石场花园

布鲁代尔圆形温室，花鸟争奇斗艳

蓄水池加盖后，在其上林业巨子布鲁代尔(Prentice Bloedel)捐款125万加元再建一座圆形温室，温室因而获名。布鲁代尔温室直径43米，最高处21米，圆顶下挤满热带雨林、亚热带和沙漠植物及花卉。鸟类鲜丽多彩的羽毛，仿佛故意与花朵争艳；鹦鹉不时地聒噪，伴着淙淙流水让温室更充满生气。

清晨，布鲁代尔温室周围道早问安声此起彼落，有人迎朝阳舞剑，有人闻乐声起舞，练太极拳的人群却和亨利·摩尔(Henry Moore)的铜塑《刀缘》(*Knife Edge*)一样安静，摆画摊的艺术家接踵而至，紧接着便是一车车观光客。

1.铜塑《刀缘》/2.热带雨林、亚热带和沙漠植物及花卉/3.布鲁代尔圆形温室/4、5、6.鸟类鲜丽多彩的羽毛仿佛故意与花朵争艳

范度森植物园
(VanDusen Botanical Gardens)
美丽的自然生态之旅

范度森植物园不仅是花园,更是活生生的植物博物馆,来自亚洲其他地区、地中海、南半球及北美东、西岸的花卉植物,分布于约3.3万亩绿地上。枫林、竹林、针叶林之间点缀着湖泊、池塘、小溪及瀑布;几乎所有植物都插上说明牌,解说植物名称和出处。行走于林荫步道或花间小径,不但赏心悦目,也是一趟美丽的知性之旅。

加拿大太平洋铁路公司原本计划出售这块土地建房屋,不列颠哥伦比亚省及温哥华市政府与范度森(W. J. VanDusen)共同出资,将土地买下设计成植物园,公园因而以范度森为名。

山杜鹃及花仙子的四季接力赛

早春属于山茶与杜鹃花,植物园的山杜鹃却能一直开放到5月底,粉红、深红、桃红、橙红、粉白、嫩黄、金黄、红紫、蓝紫,将山杜鹃步道

范度森植物园
- www.vandusengarden.org
- 5251 Oak Street
- 4/1～9/30成人(19～64岁)$10.75,长者(65岁以上)及青少年(13～18岁)$8,孩童(3～12岁)$5.75;其他日期分别为$7.75／$5.75／$4.25
- 开放时间每月不同,请查询网址
- 圣诞节不开放
- 轻轨Canada Line出Marine Drive站,换公交车17路,在Oak St及37 Ave交口下车

1.睡莲池／2.葡萄风信子／3.蓝铃／4.山杜鹃／5.黄金雨／6.洋绣球／7.太阳花／8.印加百合／9.荷苞牡丹

四照花为不列颠哥伦比亚省省花

四照花（也译为山茱萸）是不列颠哥伦比亚省省花，温哥华地区处处可见，不同时间开花的不同品种花色各异，黄色的称中国女孩（ChinaGirl），粉色是春歌（SpringSong），红花又名切罗基酋长（CherokeeChief），大白花则称艾迪的白色惊奇。

▲ 手帕树

▲ 蚊子图腾柱

(Rhododendron Walk)装扮得花团锦簇。木莲花无法与杜鹃斗艳，嫩叶托着浅紫、奶白倒也清丽脱俗。蛰伏了一冬的郁金香却不遑多让，红、黄、粉都出色抢眼。待郁金香老去、紫藤覆棚、金雨花夹道之际，夏日玫瑰已经蓄势待发，洋绣球随后会让人眼花缭乱。

睡莲池塘，池边小动物的天堂

繁花宣示的春天，也将加拿大雁和水鸭引回植物园。睡莲铺满的池塘边，绿头鸭妈妈摇摇摆摆地领着成群小鸭觅食，跟随鸭族的是满脸新奇的游客。加拿大雁不若水鸭灵活可人，护着孩子的雁爸爸会伸颈吐舌威胁来客，庞大身躯更经常打乱湖面上红枫倒影。在水边漫步，但见鸢尾花顾影自怜，水中涟漪猜想多半是老鱼吹浪。露出水面的石头上，三两笨乌龟交叠着分享暖日。

喜马拉雅园，栽植上千种中国花木

中国·喜马拉雅园(Sino-Himalayan)占植物园相当面积，展示西方众多花树身世，其中"白鸽树"(Dove Tree)更牵系东方植物引进西方的源头。据说，1898年一位英国植物学家到中国旅行，在四川发现类似四照花(Dogwood)的树，按驻扎于中国的法籍传教士谭卫道(Armand David)的描述："白色的花从树枝垂下像是满树手帕，又似白鸽鼓翼。"树因而被命名为"手帕树"或称"白鸽树"。这则消息引起威尔森(Ernest H. Wilson)的兴趣并前往中国西北及西藏采集种子，1898～1910年间，中国的樱草花、木莲、罂粟、紫藤及不同的玫瑰、杜鹃、山茶花等上千种花木因此都流进欧洲并随移民移植美洲，且得以在园内展示。山茶、杜鹃环绕中的"憩园"及"高丽亭"比花木更突显园内植物与亚洲的关联。

春夏繁花凋零后，秋天的颜色会在植物园的枫林及秋林(Autumn Colour Arboretum)中展现，冬天则是忍冬青果实最抢眼的季节。四季不变的是长青的针叶林及丛树雕饰的"迷宫"(The Maze)。

原住民图腾柱，蚊子祖先的传说

植物园林深处藏着一对图腾柱，其中一柱展示蚊子祖先巴波迪纳(Baboudina)故事。传说猎人们和妻子一同打猎，突然遇到一群怪物追杀，他们慌忙上山逃命却造成雪崩，消灭了全部怪物，仅存的怪物巴波迪纳则杀死所有猎人。幸存的一位妇女逃到垂在湖上的树枝上，巴波迪纳误认为湖上的倒影为妇人，因而不断下水攻击，终于冻毙。妇人取出巴波迪纳的心脏在同伴尸体上摇动，同伴一一复活；然后，他们一齐将巴波迪纳身体火烧，扬起的灰烬就变成蚊子飞散。

温哥华城市漫步
北温山水
North Vancouver

散步在温带雨林之中

卡皮兰诺吊桥(Capilano Suspension Bridge)
体验走过吊桥的惊心动魄

卡皮兰诺吊桥悬吊在河床上70米，尽管两头用钢筋水泥稳固，但走在137米长的桥上，摇摇晃晃中俯望奔流还是令人晕眩。眼前的吊桥已是1956年第4次建造，百余年来，最初的麻绳已变成钢缆；贸易站、图腾柱、故事中心、悬崖步道(Cliffwalk)与林梢步道(Treetop Adventure)陆续加入，将卡皮兰诺发展成北温观光名胜，游客不但可以体验走过吊桥的惊心动魄，还可以漫步林间池畔，走在伸出悬崖的阶梯上，甚至步行在连接大树的林梢步道上，看山、看水、看森林，与自然亲密接触。

1. 林梢步道行走在森林枝丫之间／**2.** 悬空的悬崖步道步步惊心／**3.** 景区内的图腾柱

卡皮兰诺吊桥
- www.capbridge.com
- 3735 Capilano Road, North Vancouver
- 成人$31.95，长者(65岁以上)$29.95，学生$25.95，青少年(13～16岁)$19.95，孩童(6～12岁)$12
- 开放时间每月不同，请查询网址
- 圣诞节不开放
- 从轻轨Waterfront站搭海上巴士(SeaBus)到北温哥华兰斯道码头(Lonsdale Quay)，转乘公交车236路(Bay 8)到卡皮兰诺吊桥站下车

酋长姓氏：卡皮兰诺

卡皮兰诺是原住民酋长家族姓氏，与温哥华历史关系密切。卡皮兰诺家人曾经迎接温哥华船长(Captain George Vancouver)、探险家西门菲沙(Simon Fraser)。1906年乔伊卡皮兰诺(Joe Capilano)更带领3位酋长赴英国伦敦要求皇室给予土地，他的故事被诗人写成温哥华传奇。卡皮兰诺家族代表也是不列颠哥伦比亚省第一位享受投票权的原住民。

林恩峡谷公园吊桥

林恩峡谷公园吊桥
Peters Road & Duval Road, North Vancouver
- 免费
- 生态中心(Ecology Centre)周间10:00～17:00，周末12:00～16:00；森林不设门
- 从轻轨Waterfront站搭海上巴士(SeaBus)到北温哥华兰斯道码头(Lonsdale Quay)，转乘公交车229路(Bay 3)到林恩峡谷公园，在Peters及Duval路交会口下车

松鸡山
- www.grousemountain.com
- 6400 Nancy Greene Way, North Vancouver
- 最基本的门票为Alpine Experience，包含登天缆车及所有表演。成人$39.95(19～64岁)，长者$35.95(65岁以上)，青少年$23.95(13～18岁)，孩童$13.95(5～12岁)。高峰缆车、溜索另外加价
- 每天09:00～22:00
- 从轻轨Waterfront站搭海上巴士(SeaBus)到北温哥华兰斯道码头(Lonsdale Quay)，转乘公交车236路(Bay 8)到终点站

林恩峡谷公园吊桥
欣赏峡谷间的绿水白湍

北温哥华的林恩峡谷公园(Lynn Canyon Park)也有一条规模较小但免费游览的吊桥。吊桥于1912年开放，全长48米。桥下50米处，林恩溪(Lynn Creek)必须挤过石壁并克服落差前进，水势较卡皮兰诺河更急，峡谷之间绿水白湍，峡谷之上森林蓊郁。

1.免费游览的林恩峡谷吊桥／2.公园里的温带森林层层绿意／3.峡谷之间的绿水白湍

松鸡山(Grouse Mountain)
因猎获蓝松鸡而命名

1894年，水利工程师克利夫兰(E. A. Cleveland)与友人登山打猎，由于猎到一只蓝松鸡，因此将山命名为"松鸡山"。

搭登天缆车与高峰缆车，登温哥华之顶

搭乘容纳百人登天缆车(Skyride)登上松鸡山，掠过道格拉斯枞、红杉、云杉、铁杉林梢，城市尘嚣渐远，自然怀抱愈近，8分钟便抵达海拔1 127米的高山站。下车后也许正好赶上伐木工表演(Lumberjack Show)。

转乘高峰缆车(The Peak Chairlift)再往上升，1 249米之上，与周围群山肩并肩，才真算到达温哥华之顶(Peak of Vancouver)。1970年启用的高峰缆车，冬天是滑雪游客交通工具，夏日则协助游客挑战高峰。由于林木稀疏，强行登顶的风显得肆无忌惮，坐在毫无遮拦的缆车上，立即体会到高处不胜寒的滋味，121米的攀升因而觉得漫长。一旦

▲登天缆车

Traveling in Canada

玩乐篇

登顶，只见天空无限，天空之下的山、海仿佛缩小了，温哥华更在山海之外。

1.高峰缆车／2.伐木工竞赛，包括：伐树、射靶、锯木、爬树／3.溜索活动／4.猫头鹰／5.木雕呈现了原住民和登山者故事／6.双熊对决是嬉戏还是肉搏？

伐木工表演，看身手不凡的特技表演

不列颠哥伦比亚省森林资源丰富，伐木工即是温哥华早期居民，松鸡山上的伐木工表演身手不凡，让人从娱乐中看见过去。45分钟表演由两名伐木工比赛爬树、伐树、锯木、木雕、手斧射靶、水中滚木，过程精彩刺激。

山上的表演者不仅有伐木工，猫头鹰、白头鹰、秃鹰及游隼都加入演出行列。白头鹰和游隼视力犀利、行动敏捷、俯冲猎食本领一流；秃鹰展翼相当可观，但它更情愿借风翱翔，也在地上跳跃捡食腐肉；猫头鹰在阳光下仿佛睁不开眼，其实它听力不逊于视力，在表演中一直惶惶然，正是听到远方天空盘旋的野鹰。

溜索和滑翔翼，体验林间穿梭及高空翱翔的乐趣

刺激的也不仅只是观赏伐木工表演，利用高度落差搭建的溜索(Zipline)，让人在林间快速下滑，瞬间山林倒退，还来不及尖叫，已经抵达另一端。相形之下，随风飘扬的滑翔翼显得悠闲自在。

注意！有熊出没

沿着向森林致敬步道(Tribute to the Forest)漫步，一路欣赏30座约4.9米高的木雕。木雕呈现了原住民和登山者故事，描述居住在山林的熊与山羊、狼，也有执意溯溪而上返乡繁殖的鲑鱼、翱翔天空的鹰。山上还真有熊，两头失怙的灰熊在松鸡山找到了家，温饱解决之余攀树、追逐、戏水甚至打斗，也让游客得以近距离观赏。

温哥华私房景点
瑞菲尔候鸟保护区
Reifel Migratory Birds Sanctuary

城市边缘的沼泽及农田景观

瑞菲尔候鸟保护区
www.reifelbirdsanctuary.com

自驾,从温哥华取道99号公路南行,转17号公路继续南下,右转Ladner Trunk,沿路前行,路名会变成River Road,续行River Road直到看到Reifel Migratory Birds Sanctuary标志,依标志前进即可抵达三角洲市(Delta)雷德纳村(Village of Ladner)

占地300公顷的瑞菲尔候鸟保护区,不仅是过境候鸟的体力补充站,绿头鸭、加拿大雁似乎也已将保护区当成家,四季可见鸭、雁在区内游荡,春末夏初更常见母鸭、雁带着毛茸茸的新生儿游水。鸭、雁群中,偶尔得见羽色鲜艳的树鸭。以水滨树洞为巢的树鸭是鸳鸯的亲戚,却不似鸳鸯张扬,因此不期而遇更让人惊喜。

农田一望无际,采果全家总动员

1879年设置的三角洲市(Dalta),正是菲莎河(Fraser River)挟带大量泥沙在入海口堆积出的三角洲,雷德纳(Ladner)兄弟看中了这里土地肥沃,开始在此务农,村落因此获名。看中雷德纳的不仅只是雷德纳兄弟,还有更多的农户,他们纷纷迁入,威斯特汉(Westham Island)岛上农场错落分布。据说,二次大战期间,威斯特汉岛附近农地生产加拿大1/3的甜

▲ 淡紫、乳白的马铃薯花一望无际

▲ 南瓜田稻草人

菜子。如今，马铃薯田一望无际。

7月初，淡紫、乳白的马铃薯花与青绿逐渐转成金黄的麦穗，最爱随风竞舞。在浆果农场，5月中旬开始的草莓采摘已近尾声，随后登场的是覆盆子、黑加仑、黑莓和蓝莓，小孩伸手可及的蓝莓尤其丰盛，常见举家穿梭丛间分享收成的喜悦。

▲ 威斯特汉小木桥旁的水上人家

接待数万雪雁过境

秋风起时，橘黄色的大南瓜点缀田野，也是雪雁来访的季节。近10万只来自俄罗斯的雪雁成天在沼泽湿地觅食，发掘农地收获后残留的马铃薯，也享受农人专门为它们种植的草料。数万只雪雁成群起落，总将瑞菲尔候鸟保护区喧嚷得热热闹闹。

寻访保护区最特殊的居民沙丘鹤

保护区内最特殊的居民该是沙丘鹤(Sandhill Crane)一家。沙丘鹤迁入保护区已十几年，以往寻寻觅觅也难见到身影，如今沙丘鹤可能因习惯环境不存戒心，竟然与鸭、雁抢食，形成"鹤立鸭群"的有趣画面。

看水上人家潮起潮落

走访威斯特汉要跨河，架在河上的木桥只能容小轿车单向通行。等候对面来车的短暂时间，我喜欢浏览沿河搭建的水上人家，看潮起潮落在屋脚留下的水痕。返程时从桥头举目，眼前是构筑在大树上的鹰巢，白头鹰高高在上守卫家园，也看护着还未长成白头的幼鸟。

▲ 尖尾鸭

1.加拿大雁全家一起散步／2.绿头鸭／3.树鸭／4.白头鹰／5.沙丘鹤／6.雪雁

温哥华周边景点
维多利亚 Victoria

人间伊甸园

1842年，道格拉斯(James Douglas)登陆维多利亚附近的克罗佛岬(Clover Point)时，立即感觉到水土气候宜人，应是人间伊甸园。他立即在港湾边建立哈得逊湾公司商站(Hudson's Bay Trading Post)，并以英国女王命名当地为维多利亚堡(Fort Victoria)。

➡ 轻轨Canada Line在Bridgeport站转搭公交车620路到终点，即前往温哥华岛的不列颠哥伦比亚渡轮(BC Ferries)起点特瓦森码头(Tsawwassen Terminal)，经过95分钟航行，渡轮在温哥华岛的史瓦兹湾(Swartz Bay)入港。下船后，搭乘维多利亚地区公交车(www.bctransit.com)70X或72路进维多利亚市区，或81路到布查特花园，再从布查特花园搭75路到市区

▲布查特花园

不列颠哥伦比亚省议会大楼
🌐 www.leg.bc.ca
✉ Belleville St & Government St, Victoria
➡ 步行

皇家不列颠哥伦比亚博物馆
🌐 www.royalbcmuseum.bc.ca

不列颠哥伦比亚省议会大楼、帝后旅馆周边
(Parliament Buildings、Empress Hotel)
充满老城历史风情

不列颠哥伦比亚省议会大楼、帝后旅馆建筑透出19与20世纪之交的典雅庄重。帝后旅馆前停靠的红色双层巴士、酒店著名的下午茶都说明与英国的渊源，据说1919年，英国王子爱德华曾在旅馆大厅终宵跳舞到天明。

原住民与土地的联系，同时也展现在不列颠哥伦比亚省议会大楼与帝后旅馆间。皇家不列颠哥伦比亚博物馆(Royal BC Museum)及室外雷鸟公园(Thunderbird Park)的图腾柱反映原住民故事。沿着帝后旅馆前的政府路

(Government St)北行,一路都能感受到维多利亚老城历史。

棱堡广场(Bastion Square)曾经是维多利亚商站中心,市场广场(Market Square)南面在19世纪中叶淘金热时期曾经是上千白人移民生活中心。广场北面则是早期华人移民聚集的中国城、狭窄的番摊里(Fan Tan Alley)巷弄里曾经充斥麻将、骨牌的声音,中国城生产的鸦片也曾经是不列颠哥伦比亚省的大生意。

▲ 双层观光巴士

▲ 中国城

▲ 不列颠哥伦比亚省议会大楼

▲ 帝后旅馆

内港(Inner Harbour)
漫步繁花装饰的内港步道

维多利亚位于温哥华岛南端、三面环水、面临内港的市中心便是观光重点区。漫步繁花装饰的内港步道,总能遇见多姿多彩的街头艺人。

内港
✉ 维多利亚市内港,由Belleville St、Wharf St及Johnson St环绕

克雷达罗城堡

- www.thecastle.ca
- 1050 Joan Crescent, Victoria
- 步行。从内港取道Government St或Douglas St北向，遇Fort St右转，再转入Joan Crescent，大约25分钟。或在Douglas St & Fort St 交会口搭乘11、14、15、22号公交车

布查特花园

- www.butchartgardens.com
- 800 Benvenuto Avenue, Brentwood Bay
- 从史瓦兹湾渡轮码头可搭乘81号公交车，从维多利亚内港可搭乘75号公交车

橡树城堡(Craigdarroch Castle)
维多利亚式的大亨城堡

维多利亚还有一页煤矿大亨的发迹史留在橡树城堡。在政府路或Douglas St与城堡路(Fort St)交口，沿城堡路东行，罗伯特·丹斯默(Robert Dunsmuir)1887年兴建的城堡占据小山头。罗伯特·丹斯默以煤矿及土地发迹，4层半楼的维多利亚风格建筑里里外外都显现家族财富。

布查特花园(Butchart Gardens)
世界著名的人气花园

维多利亚也是著名的花园城市。每年2月最后一周，居民就开始计算春花的数目；3月，内港附近的根山公园(Beacon Hill Park)坡地便为水仙覆盖。维多利亚西北边的布查特花园每年更吸引数百万游客。

1904年由采石场填土构建的洼地花园，原是布查特夫人私人的爱好，随着家庭旅游的兴盛，陆续发展出日本、意大利庭园和花香扑鼻的玫瑰园，并开放参观。春夏之间，百万丛花总将花园编织成锦绣大地，盛夏夜的烟花更点缀夜空，绚丽秋色凋零之后，布查特花园装饰满树灯火迎接冬天。

温哥华周边景点
温哥华岛
Vancouver Island

四面靠海，森林资源丰富

温哥华岛面积略小于中国台湾，岛中央山脉纵贯，四面靠海，88%土地都为森林覆盖，面向太平洋的西海岸温带森林尤其浓密。全岛居民约半数集中于维多利亚都会区。多数游客会在温哥华岛停留一天或两天一夜（详见行程规划第6、7天行程p.98）。

▶ **自驾 / 路线1**：维多利亚(p.122)→费斯嘉灯塔(p.125)→艾斯奎莫尔特潟湖(p.126)→黄金溪省立公园(p.145)→邓肯(p.155)→彻梅纳斯(p.127)→纳奈莫

开车串联景点的方法：从维多利亚取道1号高速公路西向，出1A南下，左转Ocean Blvd，费斯嘉灯塔在左手边；续行Ocean Blvd过桥，艾斯奎莫尔特潟湖就在右手边。

Ocean Blvd右转Lagoon Rd，遇Metchosin Rd再右转，遇Sooke Rd左转，Veterans Memorial Pkwy右转北向，即可回到1号高速公路。回到高速公路后西北向，从Finlayson Arm Road转入黄金溪省立公园。

出公园续行1号高速公路约43公里，依标志进入邓肯市(Duncan)中心。原路出邓肯市回到1号高速公路，北行20公里抵达彻梅纳斯(Chemainus)，依标志往访壁画。

回到1号高速公路继续北行32公里即可到达纳奈莫（不过，1号高速公路在接上19号高速公路后消失，19号高速公路穿过纳奈莫。不列颠哥伦比亚渡轮码头Duke Point在纳奈莫之前即叉出，Departure Bay在纳奈莫市北边，都有标示方向。从纳奈莫可搭渡轮回到温哥华或西温哥华）。

▶ **自驾 / 路线2**：纳奈莫→太平洋缘国家公园(p.128)

开车串联景点的方法：取道19号高速公路西北行，转4A，接上4号高速公路到终点城镇托菲诺(Tofino)。

费斯嘉灯塔(Fisgard Lighthouse)
国家历史古迹

> **费斯嘉灯塔**
> ▶ 见p.125

费斯嘉灯塔建于1860年，目的在引导进入艾斯奎莫港海军基地的英国船舰，1958年被列为国家历史古迹。灯塔20世纪50年代才建成通道与陆地连接，目前已不需要守卫，守卫的住所开放参观。

艾斯奎莫尔特潟湖
➡ 见p.125

埃斯奎莫尔特潟湖(Esquimalt Lagoon)
水鸟的食堂和游乐园

从艾斯奎莫尔特潟湖边就能眺望灯塔,但是潟湖边更吸引人的是大群的水鸟及鸭雁,海鸥表演更令人着迷。不知道谁教的,在潟湖讨生活的海鸥,晓得从水里衔起蚌壳,展翅高飞,将蚌壳摔落在石滩上,然后从蚌壳裂缝中取食。黑蛎鹬(Oyster Catcher)鲜橘红色的喙原该啄牡蛎,却将就吃着蚌壳,不似海鸥忙碌。加拿大雁理直气壮地成群在水域悠游,绿头鸭、尖尾鸭、葡萄胸鸭熙来攘往,苍鹭屏息静立,不知在看热闹还是怕惊动小鱼?

1.天鹅／**2.**水鸟／**3.**海鸥／**4.**尖尾鸭／**5.**黑蛎鹬／**6.**葡萄胸鸭

黄金溪省立公园
➡ 见p.125

图腾小镇邓肯
➡ 见p.125

黄金溪省立公园
(Goldstream Provincial Park)
观赏狗鲑洄游

黄金溪省立公园以清澈的溪流及浓密森林吸引游客。10月底～12月初鲑鱼洄游,不但引来人潮也招徕吃鲑鱼的白头鹰(详细介绍请参阅主题之旅:鲑鱼回家p.145)。

图腾小镇邓肯(Duncan)
探访800岁高龄树干雕刻的图腾柱

详细介绍请参阅主题之旅:图腾柱说故事p.155。

Traveling in Canada

彻梅纳斯(Chemainus)
世界最大的室外画廊

彻梅纳斯面积4平方公里，居民不及4 000人，伐木及锯木场是居民主要生活来源，一直到20世纪80年代初，木业不景气才发生变化。为另谋出路，小镇利用城镇振兴基金，在建筑外墙上画了5幅壁画，获得城市振兴奖，声名逐渐远播。目前壁画已达41幅，号称世界最大的室外画廊，每年吸引40万观光客。

彻梅纳斯壁画描绘小镇历史，木业仍是主题，令人惊奇的是，华人也占了彻梅纳斯壁画篇幅。41幅壁画中，3幅与华人有关，一幅是杂货店(No. 33)，一幅是洗衣店兼杂货店(No. 4)，另外一幅是23名华工正用力拖运厚大木板要送往码头(No. 16)，这群华工被称作"牛党"(Bull Gang)，描绘的是1884年的场景。

鸿兴(Hong Hing)洗衣店兼杂货店于1915～1950年在彻梅纳斯营业，描绘该店的壁画是最早的5幅壁画之一，由维多利亚画家绘画。三裕记(Sam Yick Kee)杂货店壁画于1996年完成，画家是定居温哥华的中国移民程树人。三裕记壁画以"华裔男孩的回忆"(Memories of A Chinese Boy)为题，通过少爷张宁(Ning Chang)的童年记忆，描绘华人以杂货店为活动中心的生活。张宁于1913年出生，是第一位生于彻梅纳斯的华裔。

从彻梅纳斯北行进入纳奈莫(Nanaimo)，即可搭乘渡轮返回温哥华。或续行前往太平洋缘国家公园。

彻梅纳斯
见p.125

1. 华工合力将木材拖向码头／2. 三裕记壁画画出华裔男孩记忆中的社区华人生活

太平洋缘国家公园

- www.pc.gc.ca
- 每天成人(17～64岁)$7.8
  长者(65岁以上)$6.8
  青少年(6～16岁)$3.9
- 无门禁
- 见p.125

太平洋缘国家公园
(Pacific Rim National Park)
森林遇见沙滩、海湾与浪花

　　太平洋缘国家公园位于温哥华岛西南,由长滩(Long Beach)、西海岸步道(West Coast Trail)及散组群岛(Broken Group Islands)三部分组成,总面积511平方公里。其中以长滩从事的旅游活动最多,也吸引最多游客。公园每年3月中旬～10月中旬开放。

　　长滩主要是指优库勒特(Ucluelet)到托菲诺这块濒临太平洋的狭长区域。整个海滩呈双新月形,大部分是沙滩,地势平缓,沙质纯净,夏天是加拿大西岸最热门的冲浪区,冬季则以观赏海岸暴风雨知名。

　　若赶巧遇上退潮,散落海滩的岩石就成为潮间带生态观察点。最常见到鹅颈藤壶、笠藤壶紧紧附着礁岩,岩石是它们选定的终生的家,如果没有外力干扰,藤壶的一生就在礁石上终结。聚合海葵(Aggregate anemone)靠着自体分裂成群盘踞一方。绿海葵看似植物,其实是肉食动物,有毒且带倒钩的触手能御敌也能捕食。绿海葵绿色来自附着的绿藻,据说绿海葵可以存活30年。

1,2.海葵的绿色来自附着的绿藻／3.藤壶一生都在礁石上度过

沿着木板步道深入原始温带雨林

原始温带雨林(Temperate Rainforest)与沼泽区紧邻海岸。年平均3 200毫米的降雨量营造温带雨林生长环境，有几百年树龄的铁杉(Hemlock)、云杉(Spruce)、乔柏(Cedar)树围粗壮、高耸插天，满身披挂着苔藓，景观独特。国家公园局设置了木板步道(Boardwalk Trail)与说明牌，游客得以深入雨林、近距离观赏野生动植物，了解生态的演进循环与生生不息。

托菲诺(Tofino)海洋活动大本营

托菲诺位于长滩最北端，为克雷优库峡湾(Clayoquot Sound)环绕，该区域因丰富的多样性生物与绮丽景观被联合国教科文组织(UNESCO)指定为生物圈保留区(Biosphere Reserve)。绵延的海岸线、错综的峡湾、岛屿、湖泽与原始森林造就托菲诺成为冲浪、赏鲸、观熊、赏鸟、划舟、海钓的大本营。

最具挑战性的西海岸步道(West Coast Trail)

西海岸步道原为抢救海难船员辟建，近年改建成旅游的步道。步道由班菲德(Bamfield)附近起始，沿途路段崎岖难行，要涉湍流、攀陡梯、走窄桥、越深谷、经瀑布、穿越森林，以兰福雷港(Port Renfrew)为终点。全长75公里，旅程5～7天，旺季行走步道还需要预约。不过多数游客倾向由兰福雷港出发，先走比较困难的旅程。兰福雷港在14号高速公路终点。

散组群岛是潜水者的最爱

散组群岛由散布在巴克利峡湾(Barkley Sound)的上百座小岛组成，因为有许多沉船与丰富的海中生物而成为潜水者的最爱。海上划舟(Kayaking)也是此地热门活动，教学与租用器材一应俱全，称得上世界级场地。但是岛屿罗列，水道复杂，纵然对老手也甚具挑战性。

温哥华周边景点
欧肯那根谷
Okanagan Valley

赏花、采果、品酒

欧肯那根谷在不列颠哥伦比亚省南部，北起鲑鱼湾(Salmon Arm)，南到美加边境的奥索尤斯(Osoyoos)，纵贯210公里。谷地面积20 829平方公里，多围绕欧肯那根湖及欧肯那根河流域。

欧肯那根湖水怪传说

湖中住有水怪的传说，为欧肯那根湖增添神秘色彩，但是休闲活动仍然在湖中展开。谷地人口不到30万，其中基隆拿市居民最多。基隆拿市也是谷地气温的分界点，往南偏向较干燥的沙漠气候，往北渐见林木。

不列颠哥伦比亚省的水果篮

欧肯那根谷是不列颠哥伦比亚省的水果篮，每年4月中旬，杏树、樱桃树、桃树、梨树、李树及苹果树陆续开花，铺天盖地的花海，在7月后次第变成垂挂满枝的果实。樱桃最先成熟，不少果园开放采摘(U-Pick)，在园子里一面品尝一面摘果，分享农家丰硕收成的快乐。低垂的枝条孩童都能触及，因此果园成为季节性全家出游的热点，也吸引巴士载来一车车的游客。

秋季驾车沿着97号高速公路行走，苹果园不时出现在路旁。果树结实累累，仿佛挂满红色灯泡的圣诞树。园间工人忙着采收，背袋满了汇集到木箱，满箱满箱苹果透着诱人的秋色。苹果品种多，采收季一直延续到10月下旬。在深秋清晨行经果园，露水必定沾湿鞋袜，苹果的红却显得更加出色。

开花与收成季节

果名	开花	收成
杏 (Apricots)	4/10～4/25	7/20～8/10
樱桃 (Cherris)	4/20～5/7	7/1～8/15
桃 (Peaches)	4/20～5/2	7/25～9/1
梨 (Pears)	4/25～5/10	8/25～9/30
西梅 (Prunes)	4/28～5/10	8/15～9/10
李 (Plums)	4/28～5/10	8/15～9/10
苹果 (Apples)	5/5～5/20	8/15～10/30

➡ **自驾**：欧肯那根谷有上百家的酒庄，基隆拿(Kelowna)与西基隆拿(West Kelowna)位置居中，比较方便参观。

从落基山回程，取道1号高速公路西行，在Sicamous转97A高速公路西行，于弗农(Vernon)以北10公里处，97A高速公路变成97号高速公路；沿97号高速公路南下，即可抵达基隆拿。续行97号高速公路(在基隆拿市区称Harvey Ave)左转Pandosy St南行，路名会变成Lakeshore Rd，左转Chute Lake Rd可达夏丘金字塔酒庄(Summer-hill Pyramid Winery)。

回到97号高速公路西行，跨过欧肯那根湖(OkanaganLake)后即是西基隆拿。出Boucherie Rd南下，右转Mission Hill Rd，可达Mission Hill Family Es-tate。沿BoucherieRd再往南行，右转Gellatly Rd可接回97号高速公路，换97C高速公路到Merritt，转5号高速公路南下，在Hope接1号高速公路西行可回温哥华。

夏丘金字塔、美神希尔酒店（Mission Hill Family Estate）

欧肯那根谷生产冰酒的酒庄

夏丘金字塔、美神希尔酒店（Mission Hill Family Estate）
- www.summerhill.bc.ca
- www.missionhillwinery.com
- 夏丘金字塔：4870 Chute Lake Road, Kelowna
- 美神希尔酒店(Mission Hill Family Es-tate)：1730 Mission Hill Road, West kelowna
- 开放参观及品酒时间因季节而异，详情可查询上列网址
- 酒庄导览价格因内容而异，详情可查询上列网址

玩乐篇

欧肯那根谷也是不列颠哥伦比亚省的酒乡，逾百家酒庄散落谷地，其中数家生产冰酒，包括夏丘金字塔、Mission Hill FamilyEstate。最早生产冰酒的Inniskillin Okanagan Vineyards酒庄则在接近美加边界的Oliver。

虽然19世纪中叶就有传教士在欧肯那根谷种植葡萄，但谷地葡萄园和酿酒业到20世纪80年代才逐渐兴起，成为加拿大西岸主要葡萄酒产地，自德国引进的冰酒酿制技术也因水土气候合宜得以应用；此外，因为谷地也是水果产地，有些酒庄以水果酒为特产招徕。

加拿大液体黄金：冰酒

玩家充电站

种植酿制冰酒的葡萄，酒农要冒更多风险。由于葡萄必须于正常收成季节后留在藤上等待低温冷冻，遇到风雨很容易折损或生霉腐烂，也要防止鸟兽偷吃。酒农还有不能及时收成的风险，一旦气温降至摄氏零下8度，葡萄必须立即手工收成并榨汁，酒农无法准确把握这一适当温度的出现时间，因而无法事先储备工人，可能措手不及。

加拿大冰酒原料多使用美、法葡萄杂交的Vidal葡萄品种，Vidal果味香浓、酸度适中、皮厚不易感染霉菌，又较能耐延迟收成；部分使用口感较酸的Riesling葡萄酿制。由于葡萄冰冻后所能压榨的果汁少，3.5公斤Riesling或3公斤Vidal葡萄才能酿造一瓶375毫升的冰酒，加以酒农风险大，冰酒国际市场供不应求，因而冰酒价格比一般葡萄酒昂贵数倍。

其实，大部分葡萄成熟及酿酒的季节在秋天，多数酒庄却全年提供解说(Tours)及品酒(Tasting)，夏天最忙。有些解说要付费或预约，有些免费但有固定解说时间；品酒也有免费与付费之分。

细节查询：www.okanaganwines.ca

温哥华周边景点
甘露
Kamloops

下田挖参趣

> 不列颠哥伦比亚省参农协会：
> www.bcginseng.com
> 金参西洋参厂：
> www.majesticginseng products.com
> 参田位置并无恒定，可至上述网址查询

30年前，走出甘露市区，1号高速公路边就能看到黑网覆盖的田地，网下生长的正是西洋参。而今路过，黑网消失了，种过参的土地地利不足，至少要等10年才能再种。但是甘露仍然是加拿大西岸西洋参主要产地，并且发展出自助挖参和参观西洋参工厂的特殊旅游项目。

西洋参收成故事

不列颠哥伦比亚省大部分人工栽培的西洋参都在第四年收成。收获选择在秋天，先采集变成红色的种子，然后任由地上枝叶逐渐凋零。10月开始挖参，工人会先以机器将田陇上枯黄的残枝败叶铲去，挖参车随后翻土，人参就与土石一同滚落。虽然使用机器挖掘，但掉落田陇的人参还得靠工人捡拾。

收成的人参运到工厂后，先放在桶里不断搅拌冲洗去尘土，然后人工分级。A级新鲜人参出口，必须通过检疫，因此洗过澡的人参还要小心检查，不能带有丝毫土壤，处理过后才风干包装；B级同样洗净、风干，然后送进烤箱，在35℃～42℃温度下烘烤3周，出炉时重量只剩生鲜时的一半到三分之一。

造访参厂体验挖参

不列颠哥伦比亚省参农由于一窝蜂种植,参价贱到不敷成本,多数参农不再种植,目前甘露仅有数家参厂,其中不列颠哥伦比亚省参农协会属下的金参西洋参厂开放参观,赶巧可以目睹洗参及分级过程,也有机会下田挖参。

收成步骤

▲ 参株枯萎

▲ 铲车翻土

▲ 满载送厂处理

▲ 人工捡拾

▲ 人参出土

洗参步骤

▲ 将参倒入清洗水槽

▲ 人工配合机器搅拌翻洗

▲ 初步风干后,A级参打包出售,其余送烤箱干燥

▲ 二度挑拣除去残余土壤

▲ 人工挑拣去芜存菁

温哥华周边景点
惠斯勒
Whistler

与"西瓜雪"不期而遇

> **自驾**：从温哥华取道99号公路(Sea to Sky Highway)北行125公里，即抵达惠斯勒村（Whistler Village）。
>
> **巴士**：PacificCoach Lines从温哥华市区及机场都有班车往惠斯勒，票价及班次查询网址www.pacificcoach.com。灰狗巴士也有从温哥华到惠斯勒的班车，网上购票最经济，查询网址www.greyhound.ca。
>
> **火车**：Rockymountaineer夏天(5月中旬~9月下旬)每周5班(周二、周三除外)班车从温哥华火车站到惠斯勒。详情查询网址www.rockymountaineer.com。

很久以前就听说"西瓜雪"(Watermelon Snow)，雪的颜色像泼洒了西瓜汁。我在美国阿拉斯加(Alaska)和加拿大落基山雪地寻觅多年，都没找到"西瓜雪"，2013年7月中旬，意外在惠斯勒山顶与"西瓜雪"不期而遇。

公元前4世纪，希腊哲学家亚里士多德曾经提到红色的雪，但直到19世纪初，科学家才从采样中发现含有虾青素的绿藻(又称雪藻)在雪地经过紫外线辐射后，细胞内虾青素增加，呈现带状或块状深浅不一的红色，即是"西瓜雪"，最常见于夏季的高山雪地。

首屈一指的滑雪胜地

惠斯勒是北美洲首屈一指的滑雪胜地，2010年成为冬季奥运会场址，7月中仍然有人利用未融的雪地滑雪。我发现"西瓜雪"的黑梳山(Blackcomb Mountain)海拔2 440米，峰顶日照强烈，正符合酝酿"西瓜雪"的条件。

双峰缆车，连接黑梳山与惠斯勒山

黑梳山与惠斯勒山(Whistler Mountain)相邻，由全长4.4公里的双峰缆车(Peak 2 Peak Gondola)连接。缆车于2008年开通，最高处距离地面436米，没有塔台支撑而悬空的钢索长度达到3.024公里，都是世界纪录。

惠斯勒景观主角是两座大山，游客就在长短高低不等的缆车及升降椅间穿梭，11月～次年5月滑雪，夏季扛着自行车上山再呼啸而下，或登顶观赏高山美景。

搭三次缆车登惠斯勒山顶

想搭乘历时11分钟的双峰缆车，必须先乘缆车登山。从惠斯勒村(Whistler Village)到海拔1 850米的惠斯勒山双峰缆车站大约用时35分钟，虽然眼前尽是湖光山色，缆车缓缓爬升，但却让人觉得长路漫漫。出了缆车，奥运5环标志最先展现在眼前，举目更见雪山冰川，脚下野花遮蔽贫瘠土地，风却毫无遮拦地放肆。这还不是惠斯勒山顶峰，换乘登峰快线(Peak Express)才能上达海拔2 182米的山顶观景台。

好玩的户外活动尽在惠斯勒

大山却还不能囊括惠斯勒所有活动,毕竟惠斯勒是加拿大第一座度假城市(Resort Municipality),度假区能想到的活动,譬如夏季泛舟、溜索(Ziplining)、蹦极弹跳(Bungee jumping)、骑马、垂钓、高尔夫球、冬季滑雪、溜冰、雪车、狗拉雪橇等应有尽有;而惠斯勒村里餐厅、酒吧、市场、商店都有,城市的生活机能也完备。

海天高速公路,蜿蜒着动人的景观

海天高速公路(Sea-to-Sky Highway)又称99号高速公路,从温哥华北行,到接上1号高速公路约290公里,道路蜿蜒间散布着海湾、冰川、山林、溪流、湖泊、瀑布,秋色尤其动人。其中从温哥华到惠斯勒125公里的路程,车程只要1.5~2小时。

1.夏季山坡成为充满挑战的高山自行车冲刺场地／2.海天高速公路美景／3.杜飞湖／4.香侬瀑布／5.耐恩瀑布

驾车公路兜风

加拿大横贯公路

世界最长的高速公路之一，
从温哥华到落基山的主要道路

从维多利亚内港取道道格拉斯街(Douglas St.)，沿比根山公园西缘向南走到底，即可见到"0公里"(Mile 0)标志碑，这里便是加拿大横贯公路(Trans-Canada Highway，在西部4省也称1号高速公路)起点。

加拿大横贯公路横贯加拿大10省，从太平洋滨的维多利亚市，通达位于大西洋中纽芬兰&拉布拉多省(Newfoundland & Labrado)的圣约翰(St. John's)，全长8 030公里，是世界最长的高速公路之一。

| 最后一根枕钉背后的华工奇迹 |

"这是美梦成真！铁路横贯加拿大，从海洋到海洋。追随早期探险者的足迹，铁路走过草原，穿过高山，蜿蜒峡谷，跨越溪桥，连绵4 828公里。就在此地，一根普通铁钉，接合东西。"位于克雷吉力奇(Craigellachi)的标示牌是这样写的。1885年加拿大太平洋铁路公司总裁唐纳德·史密斯(Donald Smith)在铁轨旁敲下一根枕钉，象征铁路连接起加拿大东西两岸。

最后一根枕钉敲定仪式，虽见不到一张华人面孔，但事实上，华人是兴建横贯铁路的主力，并且全程参与。1880年铁路兴建之初，不列颠哥伦比亚省人口仅3万，修筑铁路就需要数千人工。承包商先招募到旧金山淘金后留下的华人加入铁路工人行列，后来直接从中国进口人工，曾达8 000多人。面对当时反华情绪，唐纳德·史密斯总裁清楚表明："接纳这些华工，否则没有铁路。"

据史料记载，当时白人有屋住、有热食，华工却睡帐篷，以腌渍的鲑鱼松佐餐。但是2 000名华工可以在24小时内拔营，跋涉40公里，然后再扎营，这样的过程，白人需要一周才能完成。

飞鹰隘口

从甘露(Kamloops)取道加拿大横贯公路(1号高速公路)东行167公里即抵达克雷吉力奇(Craigellachi)，续行44公里到灰熊镇(Revelstoke)

罗杰斯隘口

从灰熊镇(Revelstoke)取道加拿大横贯公路(1号高速公路)东行69公里即抵达罗杰斯隘口

1.1962年加拿大横贯公路通车纪念拱／**2.**雪棚可以防止雪崩阻路／**3.**隘口周围的高山冰雪美景

飞鹰隘口(Eagle Pass)
史诗般的铁路工程完工处

从温哥华开车到加拿大落基山，加拿大横贯公路是主要道路，沿途会经过飞鹰隘口、罗杰斯隘口及踢马隘口。加拿大横贯铁路就在飞鹰隘口敲下最后一根枕钉，宣告完工。罗杰斯隘口有兴建铁路克服雪崩的故事，踢马隘口(Kicking Horse Pass)海拔1 627米，是分水岭、不列颠哥伦比亚与艾伯塔省省界，也是横贯公路的最高点。

罗杰斯隘口(Rogers Pass)
克服雪崩兴建铁路的故事

1881年，铁路工程师罗杰斯(Albert Rogers)受命勘探横贯加拿大铁路路线，成功登上高山隘口，隘口因而以罗杰斯命名。铁路完工后，罗杰斯隘口每年平均9米积雪及雪崩频繁的状况并没有改善，纵使在隘口附近搭建31处雪棚(Snowsheds)，还是无法完全克服天灾。1913年，铁路公司投降了，另辟隧道将铁路改道，解决运行障碍。

由于铁路改道，运营中心移到黄金镇(Golden)，罗杰斯隘口因此沉寂，直到1962年加拿大横贯公路通过，隘口周围的美景才又重新展现。隘口位于冰川国家公园(Glacier NP)中心，设置访客资讯中心，四周群山环绕，终年积雪。沿途有几处短程步道，自西向东为黄花水芭蕉步道(Skunk Cabbage Trail)、巨杉步道(Giant Cedars Trail)及铁杉步道(Hemlock Trail)。

天空草地景观道路(Meadows in the Sky Parkway)
沿途及山顶步道野花遍布

天空草地是一块山顶的平台,海拔逾2 000米。6月底～7月下旬驱车上山,道路两旁点缀着野花,彩笔、鲁冰花、野百合、野菊花一路相随。抵达山顶后,未融的冰雪使空气更冷冽,步道间,冰川百合(Glacier Lily)却以鲜黄花色带来丝丝暖意,粉色及白色石楠(Heather)就在贫瘠的石砾间欣欣向荣,姗姗来迟的春天美人(Springbeauty)似乎不知道已是夏季,努力展现娇容。

天空草地景观道路
- 就在灰熊镇门口,岔出1号高速公路的天空草地景观道路,盘旋上山25公里

1. 天空草地步道 / 2. 鲁冰花 / 3. 春天美人

踢马隘口(Kicking Horse Pass)
开辟螺旋隧道解除大山岗的恶梦

踢马隘口海拔1 627米,是分水岭、不列颠哥伦比亚与艾伯塔省省界,也是横贯公路的最高点。

根据加拿大政府与太平洋铁路公司协议,铁路坡度不得超过2.2%,但踢马隘口坡度两倍于规定标准。太平洋铁路公司为节省时间也因欠缺经费,请求政府通融准许铺设铁路用作"暂时"道路,结果获准,造就了声名狼藉的大山岗(The Big Hill)。据说,工程车第一次下山就直冲峡谷,3人当场丧生。火车上坡也不容易,15节车厢需要4个火车头拖,后面再加车头推,时速仅5公里,蒸汽车头偶尔还因不胜负荷爆炸。

"暂时"权宜一晃25年,1909年,铁路公司终于在奥格登山(Mount Ogden)及教堂山(Cathedral Mountain)开辟螺旋隧道(Spiral Tunnel),将铁轨拉长7公里,旋转绕山减低坡度,才解除大山岗的恶梦。从1号公路旁观景点,可以读到这段波折,也有机会看到火车头从上层出洞、火车尾还露在下层隧洞外的景况。

踢马隘口
- 罗杰斯隘口东行25公里,从太平洋时区进入山区时区,时间拨快1小时。续行54公里到黄金镇(Golden),多数从温哥华出发的巴士团夜宿黄金镇。从黄金镇东行73公里抵达踢马隘口(Kicking Horse Pass) 大山岗(The Big Hill)

温哥华主题之旅
鲑鱼回家
令人感动的返乡之旅

秋初，故乡的召唤声越来越清晰，经过数年湖河江海漂泊，鲑鱼(Salmon)知道，回家的时刻到了。北从阿拉斯加湾(Gulf of Alaska)，南到北加州沙加缅度河(Sacramento River)，鲑鱼开始逆流而上，去赴秋天的生命约会。就在出生的地方，它们要繁衍新生命；在同一地方，它们也将结束生命。

鲑鱼返乡是自然界的传奇，鲑鱼父母将受精卵埋在溪流的砂石洞里后，便成为食物链一环，永远从溪流里消失，没有人教导新生命如何在江湖溪流中生存，如何进入大海，并在相当时候回到故乡传续后代。科学家只能说，鲑鱼在基因里就种下故乡的地图，地图的磁场与故乡呼应，而接近故乡溪流时，鲑鱼的嗅觉变得敏锐，它们能嗅出故乡的气味。

4 000个卵中只有2尾能回乡繁殖

从鱼卵开始，红鲑就一直挣扎在死亡边缘，并不是每个卵都成功受精，且从洞穴流失的受精卵也成为彩虹鳟(Rainbow Trout)或其他动物的美食，4 000个卵大约只能长成800尾幼鱼，只有200尾小鱼能存活到入海。在海洋中，鲑鱼虽有更多食物及更大空间，但也面临更大挑战，不但要逃过虎鲸、海狗的猎杀，还要逃避渔民的捕捞，大概只有10尾3公斤左右的成鱼得以返乡。而在返乡途中，8尾成鱼逃不过渔网，最终只剩2尾回到不列颠哥伦比亚省的亚当斯河(Adams River)繁殖。

鲑鱼入海后确实行踪不明，猜测大抵是成群向北及西北行，经过阿拉斯加湾、阿留申群岛(Aleutian Islands)后，再转向东南洄游。一旦从海洋进入菲莎河，红鲑开始禁食，一路消耗经年储备的脂肪和蛋白质，每天平均溯河而上29公里，18天才回到出生地。

生命与死亡交错，红鲑的生命之旅

接近乡关时，公鱼银色流线型的表皮变厚、变红，身体变宽，头变绿，背隆起，一张大嘴更露出尖锐的长牙，已准备好吸引异性并争夺授精权的战斗；母鲑鱼身体也转成红色，腹部逐渐膨胀，数千鱼卵蓄势待发。

鲑鱼产卵受精后，最多再存活两周。死鱼会沉落河底，被冲到岸边或是随波逐流。鱼遗骸留存少量脂肪和蛋白质，成为昆虫、鸟类、菌类和其他小鱼的大餐。鱼遗骸解体后也供养蕴育植物的河湖，使得小鲑鱼在次年春天孵化后不愁食物。就在出生地，生命与死亡交错，红鲑圆满了它们的生命之旅。

加拿大鲑鱼种类

玩家充电站 | 玩乐篇

在淡水中出生，海洋里成长，又逆流而上回到淡水繁殖的鱼类，学名称作"洄游鱼类"(Anadromous)，鲑鱼便是主要成员。铁头鳟鱼(Steelhead Trout)及割喉鳟鱼(Cutthroat Trout)也有鲑鱼特质，也被纳入洄游鱼类。

虽然出自同一家族，但太平洋沿岸5种鲑鱼却大小不一，各有特性。

狗鲑(Chum)的身长、体重仅次于大王鲑，在太平洋沿岸分布最广，俄国人称为"狗鲑"(Keta)，也许因为它逆流而上时形貌改变似狗；也有一说是原住民以狗鲑肉干喂养拉雪橇的狗。狗鲑寿命3～5年，多数狗鲑出生后立即入海，但在海中巡游不远，2～3年即回游，并在海河交流处生殖。

银鲑(Coho)尺寸、重量小于大王鲑及狗鲑，产量仅多于大王鲑，却是钓客最大的挑战，因为钓银鲑最用力，鱼获的希望也最易破灭。银鲑出水时银光闪闪，因而被称作"银鲑"(Silver Salmon)。银鲑寿命3年。出生后一年，银鲑多流连于淡水小河里，然后才入海。

狗鲑 | 银鲑

红鲑

红鲑(Sockeye)肉质最鲜美，不列颠哥伦比亚省原住民称作"鱼中鱼"；俄勒冈(Oregon)人因鱼初入河时背部泛蓝而称它为"蓝背"；在阿拉斯加及不列颠哥伦比亚省，红鲑回家繁殖时全身转红，被称作"红鲑"(Red Salmon)。

粉红鲑 | 大王鲑

粉红鲑(Pink)因背部隆起，俗称"驼背鲑"(Humpback Salmon)，产量最多，寿命却最短暂，仅有两年。驼背鲑出生后立即下海，次年即回游繁殖，两年的生命循环，使奇数及偶数年出生的鲑鱼分别守着奇数及偶数年回家的传统；而上次循环鱼多，下次循环必定鱼少，这种交替也像生命中已注定，很少例外。

大王鲑(Chinook)尺寸最大，长度可逾1.5米，重量可超过45公斤，由于个头大，也被称作"大王鲑"(King Salmon)；印第安原住民以Tyee称呼大王鲑，意即"硕大"（通常指13.5公斤以上大王鲑）。不列颠哥伦比亚省(British Columbia)的大王鲑春末即洄游，因而被称作"春鲑"(Spring)。目前捕获大王鲑的纪录是57公斤。大王鲑寿命3～7年，多数在4～5岁时返乡繁衍。

解析红鲑生命历程

红鲑寿命4～5年，出生后在湖中生长一年即顺溪流入海，在海中成长2～3年洄游返乡繁殖。不列颠哥伦比亚省出产最多红鲑，每年秋天，红鲑便沿菲莎河(Fraser River)逆水上游，在内陆溪流繁殖，其中亚当斯河(Adams River)每4年即有一次红鲑洄游高潮，亚当斯河是红鲑的家乡。红鲑的生命之旅在鲑鱼中最具戏剧性。返乡繁殖的红鲑立意在生命结束前营造新生命，淙淙水流声中骚动此起彼落，不时溅起的白浪间是母鱼临盆的产房，是公鱼厮杀的战场，数百万尾红鲑将河水染红，成为自然界奇观。

鲑鱼协会(Salmon Society)配合红鲑回乡高潮，每4年举办一次"向红鲑致敬"(Salute to Sockeye)庆会，地点在海格·布朗省立公园(Roderick Haig-Brown Provincial Park)。

1.亚当斯河每4年即有一次红鲑洄游高潮／2.数百万尾红鲑将河水染红／3.公、母鱼会成双成对互相依靠

STEP 1　择地

红鲑生命之旅由产卵开始。鲑鱼产卵多选择砂石河床，河水深浅能淹盖鱼背，水流强度恰巧能流过鱼卵供氧。选定地点后，母鱼会摆平身体，以尾巴用力在砂石里掘洞，一次移去一些砂石，直到大约25厘米深的洞穴(Redd)搞定。

STEP 2　求偶

母鱼掘洞同时，公鱼求偶仪式也开始。公、母鱼会成双成对互相依靠，公鱼不时抖动身体用鱼鳍抚摸对象，并游过母鱼背部发出求偶信息。这种做爱方式，可能持续几分钟或几小时，直到产卵的洞完成。

STEP 3 产卵

母鱼开始产卵时，公鱼会随侍在侧立即射精，卵经过云状精液即成受精卵沉落洞里。母鱼一次产卵上千，每个卵只需要一个精子，但因水流快，公鱼一次多释放上百万精子，并与母鱼蜷缩在洞里，以免精液随水流失，耽误大事。

STEP 4 护卵

公鱼一面射精，一面还要攻击徘徊附近蠢蠢欲动的其他公鱼。自求偶开始，公鱼就展开配偶争夺战，不过战斗多是虚张声势，流窜打游击的公鱼不时掀起水浪，却不见短兵相接的肉搏。倒是母鱼，为保护辛苦挖掘的洞及新产的卵，只要见到其他母鱼接近地盘，必定奋起做殊死战。受精卵埋藏妥当后，公、母鱼会继续溯溪而上另觅地点再产卵受精，母鱼平均产卵4 000个，分别埋在几处洞穴。

1.流窜打游击的公鱼不时掀起水浪／2.还未完成繁殖任务就阵亡的母鲑鱼

STEP 5 孵化

受精卵先看到眼睛(Eyed Egg)，大约在2月即孵化成大头针大小、肚子下带着蛋黄的鱼苗(Alevins)。鱼苗已长成在水中生活的呼吸器官，但数周内仍停留洞里，靠蛋黄供应养分，直到3、4月中，蛋黄耗尽，2.5厘米的幼鱼(Fry)才游出洞穴，进入舒斯瓦普湖(Shuswap Lake)觅食。幼鱼将逗留在舒斯瓦普湖1年左右，次年春天长成7.5～10厘米的小鱼(Smolt)时，已准备好展开400公里旅程的体力，趁着黑夜经由汤普森河(Thompson River)和菲莎河入海。

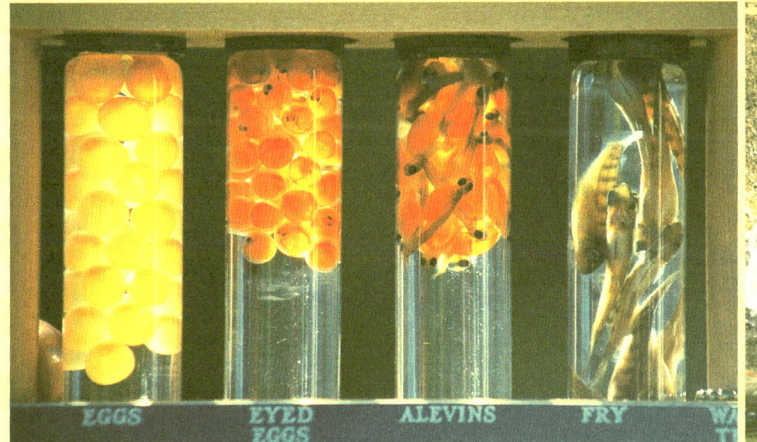

▲ 小鲑鱼成长过程：鱼卵→长眼睛→鱼苗→幼鱼

鲑鱼哪里看？

随着大量捕捞红鲑及水坝修筑、伐木破坏水源，鲑鱼返乡的路陆续被切断，鱼产量日益减少。加拿大政府自1977年起每年拨款3 200万加元推动鲑鱼增长计划(Salmonid Enhancement Program, SEP)，期望通过鱼道、产卵水道(Spawning Channel)及养殖场(Hatchery)，让不列颠哥伦比亚省河川鲑鱼数量恢复到20世纪初期的丰硕。

由于鲑鱼增长计划，游客也能前往鲑鱼养殖场、产卵水道观赏鲑鱼洄游，并验收计划成果。

赏鲑时间与地点

地点	种类	最佳观赏时间
卡皮兰诺鲑鱼养殖场	银鲑	8～10月下旬
威化溪产卵水道	驼背鲑、红鲑、狗鲑	10月15～20日最高峰
亚当斯河	红鲑	9月底～10月底
黄金溪省立公园	狗鲑	10月底～12月初

卡皮兰诺鲑鱼养殖场 (Capilano Salmon Hatchery)
观赏鲑鱼跳梯，呼吸温带雨林气息

用鱼梯方式将洄游的鲑鱼引入，通过人工繁殖并饲养到小鱼(Smolt)阶段后放回河流。走访卡皮兰诺鲑鱼养殖场，除了可以了解鲑鱼生态、观赏鲑鱼跳梯，河边步道更能仰望参天大树，呼吸到温带雨林的气息。

威化溪产卵水道长2 932米，用水管引溪水过滤沉淀后再放进水道。水道

1.卡皮兰诺鲑鱼养殖场／2.威化溪产卵水道观赏鲑鱼跳梯

里铺陈适合鲑鱼产卵的砂石，使原本8%的威化溪鲑鱼自然孵化率上升至80%。另外，在抵达威化溪产卵水道前会路过奇哈利斯河(Chehalis River)养殖场。10月中参访，可以见到人工繁殖驼背鲑。

黄金溪省立公园
(Goldstream Provincial Park)
狗鲑洄游，白头鹰虎视眈眈

温哥华岛的黄金溪省立公园最著名的景观是每年10月底狗鲑洄游。白头鹰得知鲑鱼回家的信息，也会聚集公园准备饱餐。

▌赏鲑地点资讯 ▐

不列颠哥伦比亚省其他观赏鲑鱼洄游资讯，可参考加拿大渔业及海洋局(Fisheries and Oceans Canada)网站：www.pac.dfo-mpo.gc.ca（太平洋地区）

玩家充电站

卡皮兰诺鲑鱼养殖场
- www.pac.dfo-mpo.gc.ca
- 4500 Capilano Park Rd.
- 6～8月08:00～20:00，5、9月08:00～19:00，4、10月08:00～00，11月～次年3月08:00～16:00（全年开放）
- 免费
- 自驾：从温哥华出发，经狮门桥后，依标志转入卡皮兰诺路(Capilano Road)，车行过卡皮兰诺吊桥游乐区后，注意道路左边的卡皮兰诺河地区公园(Capilano River Regional Park)标示，转入卡皮兰诺地区公园路(Capilano Park Road)，沿路前行即可抵达养殖场
- 公共交通工具：轻轨水前站(Waterfront Station)转海上巴士(SeaBus)往北温哥华Lonsdale Quay，换乘236号公交车(Bay 8)，在卡皮兰诺路与艾尔顿路(Eldon Rd.)交口下车后，往后过街，可沿卡皮兰诺地区公园路走到养殖场。更有趣的方式是，利用卡皮兰诺地区公园路旁的Pipeline Trail，在森林中行走，接上Coho Loop Trail过两座桥抵达养殖场。若不立即接上Coho Loop Trail，续行Pipeline Trail，会接上Giant Fir Trail走到尽头，转下Second Canyon Trail，然后接上Coho Loop Trail的第二座桥，前往养殖场

黄金溪省立公园
- www.env.gov.bc.ca/bcparks
- Goldstream Provincial Park
- 全年
- 免费
- 自驾：从温哥华岛维多利亚市出发，沿1号公路北行16公里，从Finlayson Arm Road转入黄金溪省立公园

威化溪产卵水道
(Weaver Creek Spawning Channel)
- www.pac.dfo-mpo.gc.ca
- 16250 Morris Valley Road, Harrison Mills, BC
- 08:00～日落（每年10月）
- 免费
- 自驾：从温哥华出发，取道1号公路东行，出92号出口，转11号高速公路北向（往Mission方向），换7号高速公路东北行，转入Morriis Valley Road继续东北行6公里，先到奇哈利斯河养殖场(Chehalis River Hatchery)，续行6公里即可抵达

亚当斯河(Adams River)
- www.env.gov.bc.ca/bcparks；www.salmonsociety.com
- Roderick Haig-Brown Provincial Park
- 全年
- 免费
- 自驾：从温哥华出发，取道1号公路东行，在Hope换5号公路北行至甘露(Kamloops)，再取道1号公路东行至Squilax转北沿Squilax-Anglemont Road前行6公里。单程约425公里，耗时至少5小时

温哥华主题之旅
图腾柱说故事
记录原住民生活

最初，美国俄勒冈州北界，经华盛顿州、加拿大不列颠哥伦比亚省到美国阿拉斯加东南的太平洋沿岸都是原住民的土地，他们在这片土地上靠渔猎采集为生。由于陆地及水域里食物丰富，原住民不需要终年汲汲营营谋生，冬季尤其空闲。不久，欧洲人到美洲收购海獭皮毛，更为原住民累积了财富。

有钱、有闲的原住民在与自然或人类的接触中产生了不少故事，却因没有文字，只能在冬季围炉时口传。终于，他们发现了森林里柔软笔直的北美乔柏(Western Red Cedar)不但可以建构屋舍，也容易雕刻，可以在树干上记录生活中的大事，譬如生死、酋长即位、与动物的特殊关系、家族故事，于是图腾柱便出世了。

图腾柱的秘密

西北海岸原住民部族各自发展出不同的雕刻手法，每一根图腾柱记载不同的故事。图腾柱也提供不同的功能：屋舍里的梁柱、屋前的门柱，或是庆典的纪念柱、讲述家族渊源的叙事柱、收藏先人骨灰的丧葬柱。

▲ 大乌鸦

柱上雕刻的人物或与屋主关联，或展示屋主的身份地位，例如蹲在门前柱上瞭望的守卫(Watchman)，人数越多，戴的帽子越高，表示主人权势越大。有些独立于屋舍的图腾柱人物也演绎原住民的传说故事，譬如黑森林里好吃小孩的女巨人颂瑙夸(Dzunukwa)。

充满奇幻想象力的图案

出现在图腾柱上的众多鸟兽及海洋、溪流生物，有些是现实中存在的实体，譬如高壮的熊，露出两颗门牙的河狸，山林里的狼，翱翔天空的鹰，洄游于海、河间的鲑鱼，水陆两栖的蛙，生活在海洋里的虎鲸、鲸鱼、鲨鱼、海狗、海狮；有些也许出于想象，例如掌管天空的雷鸟、长喙的食人鸟、双头海蛇，半虎鲸半狼的瓦斯科

▲ 女巨人颂瑙夸

(Wasco)则是原住民归咎的淹死族人的海怪。另外，还有真实存在却被赋予传奇色彩的鸟类，例如大乌鸦(Raven)。

立图腾柱是家族大事

无论喜丧，竖起图腾柱都是家族或部落大事，必须在立柱前举办大型宴会(Potlatch，原住民语意谓"给予")，召集远亲近邻正式宣告。宴会客人算作事件见证者，主人也趁机夸示地位和财富；除招待食宿，客人离开时还会带着礼物。

欧洲人带来的疾病夺去西北海岸地区众多原住民生命，有些村落甚至荒废；海獭皮毛生意好景不再，原住民的财富减少；1884年教会势力促使加拿大政府禁止原住民举办大型宴会，这些都使图腾柱产量减少。1870~1920年间，欧美不少博物馆或经纪人竞相收购或搜刮图腾柱，更使图腾柱文化外流且濒临失传。

20世纪20年代，为开拓观光资源，加拿大政府和太平洋铁路公司合作重建图腾柱；1950年不列颠哥伦比亚大学人类学博物馆开始搜集、研究并延聘艺术家复制原始图腾柱，图腾柱重新被重视；一些公司行号也开始以图腾柱作装饰，增添图腾柱商业色彩。

◀ 立于维多利亚雷鸟公园，海达族丧葬柱，自上至下为鹰、鹰雕(面板)、鲸鱼尾间的人像(可能为往生者)，底座为河狸。

▶ 立于斯坦利公园，复制自酋长大屋内横梁支柱，上为雷鸟，下为灰熊抱人，可能显示部族与熊的渊源。

▶ 立于图腾小镇邓肯，雷鸟、熊、虎鲸分别代表天空、陆地、海洋。

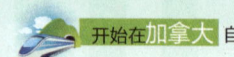

图腾柱哪里观赏？

不列颠哥伦比亚大学人类学博物馆

- http://www.moa.ubc.ca
- 6393 N.W. Marine Dr, Vancouver
- 成人$16.75，学生及长者(65岁以上)$14.50；周二17:00～21:00时段$9.00
- 每天10:00～17:00；周二10:00～21:00
- 公交车4、14、25、33、41、84、99、480路都可抵达UBC公交车站。从公交车站可步行1.4公里或转搭C20(Bay 15)到博物馆

以往图腾柱只得见于原住民滨海部落，如今普遍散布于加拿大西岸。但图腾柱较集中且交通方便的观赏地点，在温哥华有不列颠哥伦比亚大学人类学博物馆(Museum of Anthropology, UBC)及斯坦利公园的布洛克顿角(Brockton Point, Stanley Park)；搭乘渡轮跨越乔治亚海峡(Strait of Georgia)，温哥华岛上维多利亚市的皇家不列颠哥伦比亚博物馆(Royal BC Museum)收藏不少图腾柱，博物馆旁的雷鸟公园(Thunderbird Park)露天展示图腾柱及原住民的会所。从维多利亚沿1号公路北上64公里抵达邓肯(Duncan)，小镇方圆2.59平方公里内竟然存在逾80根图腾柱，其中41柱可跟随地上黄色脚印浏览，邓肯因此号称"图腾小镇"(City of Totem Poles)。

不列颠哥伦比亚大学人类学博物馆 (Museum of Anthropology, UBC)

双头海蛇连串的3只大盆引人注目

1792年，马斯琴族(Musqueam)原住民酋长在格雷岬(Grey Point)迎接温哥华船长；而今原址已建成不列颠哥伦比亚大学人类学博物馆，馆前两座大木雕迎接四方来宾。除了图腾柱，人类学博物馆也展示原住民面具、服饰及日常生活用品。博物馆室外更有一个海达族村落。

走进展馆，最先见到的是19世纪中、末叶的收集品，一对龇牙咧嘴的熊，曾经用作酋长房舍的支柱；一根被截成4段的柱子中，一只鹭鸶羽翼刻有人手，羽翼包裹的人头上长了羽毛，透露人与动物形象可以互相转换的原住民信仰；3只雕刻精美的木箱收藏着酋长的宝贝。

1. 馆前两座大木雕迎接四方来宾／**2.** 图腾柱中的鹭鸶(左2)透露原住民信仰

原住民饮食器皿

广邀宾客参与庆典是竖立图腾柱不可少的仪式，而盛款待饮食的器皿也有讲究。展出的食具都是木雕，其中最引人注目的是双头海蛇连串的3只大盆，以大勺呈现的蛇舌既具装饰功能也有实用价值。

海狮族酋长及海狮屋支柱，展现威力、财富和渊源

海狮族酋长及海狮屋支柱在展厅里相当抢眼。抬着座椅的奴隶是部落间战争的俘虏，昭示酋长的威力；酋长双臂彩绘的铜盾象征财富，胸前的海狮和屋里的海狮支柱，都代表家族与海狮的渊源。太平洋西北岸原住民不但相信人与动物形象能够转换，更多故事叙述人与动物的特殊关系，譬如酋长女儿与熊结合生子，族人以熊为族徽的传说。

1.双头海蛇连串的3只大盆／2.海狮屋支柱／3.抬着座椅的奴隶和海狮族酋长／4.原住民庆典时演出者穿戴特殊服饰及面具

木箱是原住民的传家宝

原住民木箱以整块木板合成，先在板上刻出3道沟，将木板蒸软后摺成箱形，以楯固定，再加上底和盖。木箱是原住民的传家宝，箱里通常收藏贵重的王权标记、毯子；有些酋长往生后，会以木箱作棺木。

海达族村落，模拟海达族的居住环境

水塘象征海洋，海滨建构两座屋舍，大的供人居住，小间的是酋长往生后暂厝的房舍；屋前柱嵌在门前正中央，柱顶都立着警戒的守卫。房舍外围有数根独立的图腾柱，其中两根为葬丧柱。

丧葬柱特写，表达熊与人结合的故事

丧葬柱基本的构造都有面板，面板上的图案可能与死者族徽或生活相关。单柱在面板后挖孔安置骨灰，双柱背后则建有平台，可以放置收纳先人骨骸的木箱。海达族村落双柱丧葬柱面板彩绘鲨鱼，在现有的图腾柱中少见，原本放在面板后的木箱已失踪；单柱的则绘有鹰，鹰下依序为人类母亲与孩子、熊爸爸与小熊，表达的正是熊与人结合的故事。

博物馆圆形厅展出，述说乌鸦与人类诞生的故事

图腾柱的雕刻技巧被延伸到其他木雕，说的仍然是原住民故事。在博物馆圆形厅(Rotunda)里，图腾柱雕刻大师比尔雷德(Bill Reid)用手斧与凿刀述说海达族传说"乌鸦与人类的诞生"(The Raven and the First Men)的故事。

1.乌鸦与人类的诞生／**2.**这根纪念柱是海达族村落最后完成的图腾柱，小熊趴在河狸耳际／**3.**海达族村落，双柱丧葬柱以鲨鱼为图案

斯坦利公园布洛克顿角
(Brockton Point, Stanley Park)
图腾柱展示名雕刻家工艺

在 温哥华旅游，斯坦利公园是必游景点；而游览斯坦利公园，必定会前往布洛克顿角欣赏图腾柱。最初的构想是要在公园里置一个原住民村落，后来发现不切实际，就开始搜集图腾柱，逐渐形成如今规模。

垮基乌托故事柱，诉说部族传奇人物

除了海达族，斯坦利公园的图腾柱也述说不同部族的人物或故事。譬如一根图腾柱上刻着抱着独木舟的人、骑着虎鲸的人、展开双臂的女巨人，三人都是夸扣特尔（Kwakiutl）族的重要人物。一是逃过洪灾并供给族人第一条独木舟的先哲，一是乘着虎鲸勇闯龙王宫的英雄，底座的女巨人喜欢吃在森林迷途的小孩，却也指点族人获取财富。柱的最顶端是神秘的力士鸟（Kolus），据说力大无穷可以移梁换柱；先哲脚下是传说中的双头海蛇，据说海滩发亮的云母是它掉落的鳞片。

斯坦利公园布洛克顿角
- www.vancouver.ca/parks
- 见p.111
- 免费
- 每天
- 轻轨Canada Line出Waterfront站，出站左转沿Seymour St上坡，在与Pender St交口处换乘公交车19路入园，可步行前往布洛克顿角

1. 斯坦利公园的图腾柱聚集于布洛克顿角／2. 抱着独木舟的祖先提供族人第一条独木舟

1.模仿阿勒特湾的图腾柱,柱顶有雷鸟抓鲸鱼,底座为大乌鸦/2.唯一一未上色的河狸柱/3.布洛克顿角丧葬柱雕刻的山羊与海狗并不寻常/4.大乌鸦的喙可以打开入屋的门

海达族丧葬柱,看见山羊与海狗图案

虽然斯坦利公园所有图腾柱都是复制品,但也多有所本,而且出自名家之手。例如唯一一根海达族丧葬柱,即由比尔雷德复制。复制的丧葬柱描绘雷鸟脸的月亮,鸟的翅、脚及爪分裂于两旁,底下是一头山羊,山羊坐在灰熊头顶,灰熊怀里抱着海狗。也许因为年代久远,没有人能确切说出图腾柱所表达的故事,但是山羊及海狗在现有的图腾柱中少见。

河狸柱,唯一未上色的图腾柱

唯一未上色的图腾柱说的是河狸与人的故事。图腾柱顶是人抱着乌鸦,分享同一片天空;柱上5张人的面孔,代表捕猎河狸的5兄弟。故事说5兄弟出去捕猎,最年轻的弟弟追随两只河狸回家,从河狸家的烟囱孔往下看,惊奇地发现河狸脱下皮毛后变成人(柱底的孔与人),并泣诉人类的追杀。小弟顿起恻隐之心,兄弟们从此不再猎捕河狸。

酋长屋前的门前柱,雷鸟领头,乌鸦压底

1890年中期曾经立于阿勒特湾(Alert Bay)的图腾柱,1987年被复制在斯坦利公园。图腾柱顶端雷鸟展翅,抓住一条鲸鱼,底下依序为狼、先哲、食人鸟、熊,底座为大乌鸦。这是一根立于酋长屋前的门前柱,乌鸦的翅膀和尾巴就绘在门上。乌鸦的长喙上部来自一支独木舟的船头,估计长有2.7米;下部配合的雕刻看起来天衣无缝。其实,喙的下部可以放下,成为庆典时的房屋入口。

图腾柱之路 (Route of the Totems)

为庆祝温哥华岛与温哥华本土合并成不列颠哥伦比亚省一百周年，庆祝委员会提出"图腾柱之路"的构想，想在不列颠哥伦比亚省海岸旅游城市竖立图腾柱。图腾柱的规格为3.5米高，底座直径1米，主题是站立的熊。结果11位雕刻师雕刻了19根图腾柱，圆满达成计划。19根图腾柱分布于不同观光点，包括维多利亚内港、西温哥华马蹄湾等地。

立于维多利亚内港Government St及Belleville St交会口西北角的一根图腾柱即"图腾柱之路"的作品，也是被收录进镜头的最热门的图腾柱。熊头上顶着蛙，嘴咬着象征财富的铜盾，盾下是穿戴乔柏树皮编织的头巾及项链的舞者。

图腾柱的作者是知名的雕刻师亨利韩特(Henry Hunt)。韩特育有6子，其中4人也都是图腾柱雕刻师，对街皇家不列颠哥伦比亚博物馆前院的图腾柱便是理查韩特(Richard Hunt)的作品。理查的图腾柱柱顶是力士鸟(Kolus)，脚爪抓着戴着太阳面具的酋长，酋长也拿着铜盾，穿着乔柏树皮编织的舞裙；座底的熊怀里的人左手食指截断，据说是理查的老朋友。

▲ 图中图腾柱立于维多利亚内港，是"图腾柱之路"的作品之一

▲ 理查韩特的作品

皇家不列颠哥伦比亚博物馆(Royal BC Museum)
雷鸟公园(Thunderbird Park)
不列颠哥伦比亚省自然及人文宝库

皇家不列颠哥伦比亚博物馆

- 675 Belleville St, Victoria
- 皇家不列颠哥伦比亚博物馆门票分1日、2日、IMAX电影、门票+IMAX等不同组合。基本上1日票为成人(19～64岁)$16,长者(65岁以上)、青少年(6～18岁)、学生$10.15。详情可上网查询
- 每天10:00～17:00开放
- 圣诞节、新年
- 搭乘轻轨Canada Line,在Bridgeport Station转搭620路到终点,即前往温哥华岛的不列颠哥伦比亚渡轮(BC Ferries)起点特瓦森码头(Tsawwassen Terminal),经过95分钟航行,渡轮在温哥华岛的史瓦兹湾(Swartz Bay)入港。下船后,搭乘维多利亚地区公交车(www.bctransit.com)70X或72路进维多利亚市区,博物馆在终点站

皇家不列颠哥伦比亚博物馆3楼专门展览原住民生活情境,收藏不少图腾柱。室外紧邻博物馆的雷鸟公园也竖立着一组图腾柱,其中最引人好奇的是亨利韩特和他的儿子东尼(Tony Hunt)共同创作的一根图腾柱。柱上有人的眼球掉出眼眶而且下垂似在流泪。据说,那人是海酋长(Sea Chief),每天晚上眼球都会掉出来悬在绳索上,眼睑闭合,这样才能看到要吃的食物。等他用餐完毕,朋友会帮他把眼球归位。而海酋长最爱吃的食物就是雕在他眉毛间的海狗。

1. 皇家不列颠哥伦比亚博物馆3楼图腾柱群／2. 雷鸟公园／3. 仿制原住民聚会房屋外观

Traveling in Canada

图腾小镇邓肯(Duncan)
800岁树干雕出乔柏人

韩特家族雕刻的另一根著名图腾柱立于图腾小镇邓肯。小镇的80余根图腾柱散置于街道,但多在步行可及范围,其中最特别的是由理查韩特雕刻的乔柏人(Cedar Man)。雕刻用的树干将近800岁,直径迄今无图腾柱能超越。原住民认为树有灵,理查将树灵雕出人形,穿着乔柏树皮编织的裙子,手持权杖,乔柏人似乎随时都能走出树干;即使人们一动不动地站在街角,当行经街道时,隐约感觉乔柏人的大眼睛目光相随。

邓肯
- 图腾柱主要分布于Canada Ave及Station St 乔柏人位于Government St & Jubilee St交会点
- 自驾:邓肯小镇在1号高速公路边,从Trunk Road 转入西行即达市区

玩乐篇

▲ 海酋长每天晚上眼球都会掉出来悬在绳索上

▲ 手持权杖的"乔柏人"

落基山旅游指南

碧湖、雪山、冰川美景天成

加拿大落基山之美，在于冰川营造的碧湖。如果说"天下第一湖"露易丝湖(Lake Louise)像山中翡翠，加拿大落基山便仿佛戴着一串翡翠项链。梦莲湖(Moraine Lake)静静躺在群峰怀抱间，弓湖(Bow Lake)、佩投湖(Peyto Lake)、水禽湖(Waterfowl Lakes)沿路装饰冰原大道，贾斯珀国家公园的马林湖(Maligne Lake)为加拿大落基山第一大湖，幽鹤国家公园的翡翠湖小巧迷人。

加拿大落基山之美，在于连绵不断的雪山和雪山间流泻的冰川。行走其间，不但饱览山川，还能搭乘大雪车踩上冰川，亲身体验冰雪世界的冷冽。加拿大落基山还有奔腾的瀑布和诡异慑人的峡谷，也是野生动物的天堂，更是自然生态教室。

▲落基山鸟瞰图

▲塔卡高瀑布

拥有4处知名的国家公园

落基山国家公园的班夫、贾斯珀公园在艾伯塔省(Alberta, AB)内，以班夫(Banff)及贾斯珀(Jasper)两个小镇为中心，景点多在小镇内或周边。幽鹤及库特尼公园在不列颠哥伦比亚省内，以菲尔德(Field)及镭温泉(Radium Hot Springs)两个小村落为中心，景点散布在周边。虽然地理分布跨越两省，但4处国家公园都在山区时区内。

|罗伯森山，加拿大落基山脉最高峰|

由于山高而且冰川散布，罗伯森山(Mount Robson)有自己的小气候，而且几乎终年藏在云雾里，据说一年只有29天能见到全貌。对于登山者而言，罗伯森山的气候也是大挑战。1907年开始就有人企图登顶，直到1913年才有人成功。也就是1913年3月，罗伯森山成为不列颠哥伦比亚省第二处省立公园，至今已逾百周年。

多数游客只在访客中心停留，各凭运气看到罗伯森山南面的部分身影；而山最美的部分却在北面，必须行走步道才有较多机会一睹风采。

玩家充电站

🌐 www.gov.bc.ca/env (点击BC Parks，再按字母顺序点击Mount Robson)

✉ 罗伯森山位置在16号及5号高速公路交会口以东11公里

➤ 从温哥华取道1号高速公路转5号高速公路，至与16号高速公路交接处，转向16号高速公路东行(贾斯珀方向)11公里，依标志进入罗伯森山访客中心。若从贾斯珀出发，则西行102公里

落基山国家公园

铁路是落基山开发的关键。加拿大独立立国后，为吸引不列颠哥伦比亚省加入，以免资源为美国利用，第一任首相麦克唐纳(John A. Macdonald)应允兴建横贯铁路。在勘测、铺设铁路之际，落基山的面纱一层层揭开，雪山、碧湖美景名声逐渐传播出去，国家公园也相继设立。

1885年，班夫(Banff)国家公园成为加拿大第一、世界第3处国家公园。幽鹤(Yoho)、贾斯珀(Jasper)、库特尼(Kootenay)随后纷纷设置国家公园，用铁路、公路连成一气，惯称加拿大落基山国家公园。1985年联合国教科文组织(Unesco)将落基山国家公园列为世界自然遗产(World Heritage Site)，不列颠哥伦比亚省罗伯森山(Mount Robson)因为是加拿大落基山最高峰也一并列入。

加拿大落基山国家公园设置之初，并无意保护山林与野生动物，多半为商业利益，直到通过国家公园法案(National Parks Act)，才确定生态环保方向。目前加拿大已发展出44处国家公园，落基山国家公园名气还是最响亮的。

▲ 加拿大横贯铁路完工后首次通车所使用的蒸汽火车头

班夫国家公园 详见p.162
(Banff National Park)

1883年，3名铁路工人在班夫硫黄山(Sulphur Mountain)发现温泉，促成温泉保护区建立，并发展成加拿大第一个国家公园。

幽鹤国家公园 详见p.161
(Yoho National Park)

铁路开通、游客涌入后，加拿大太平洋铁路公司开始沿线兴建旅馆，最先在斯蒂芬山(Mount Stephen)营造餐厅、旅店，成为登山及观光基地。政府配合划出山脚下16平方公里土地为史帝芬山保护区(Mount Stephen Reserve)，即幽鹤国家公园前身。

贾斯珀国家公园 详见p.164
(Jasper National Park)

1902年，北方另一条横贯铁路兴建计划公布后，皮毛商曾活跃的贾斯珀又恢复生气。1907年，加拿大政府在贾斯珀附近划地设置森林公园(Jasper Forest Park)，日后扩充为贾斯珀国家公园。

库特尼国家公园 详见p.200
(Kootenay National Park)

20世纪20年代汽车进入落基山，逐渐取代火车地位。同年，班夫—温德米尔公路（Banff-Windermere）即93号公路施工，不列颠哥伦比亚省划出沿线设立库特尼国家公园。

▲ 班夫城堡旅馆兴建，提供落基山游客住宿

落基山国家公园访客资讯中心

加拿大国家公园管理局在落基山国家公园中设有多处访客资讯中心(Visitor Information Centre)，服务时间各处、四季不同，请查询网址。

班夫国家公园
- www.pc.gc.ca/banff；www.banfflakelouise.com
- **Banff**: 224 Banff Ave, Banff, AB
- **Lake Louise**: Samson Mall, Village of Lake Louise, AB

幽鹤国家公园
- www.pc.gc.ca/yoho；www.field.ca
- Field, BC

贾斯珀国家公园
- www.pc.gc.ca/jasper；www.jasper.travel
- Icefield Centre, AB
- 500 Connaught Dr, Jasper, AB

库特尼国家公园
- www.pc.gc.ca/kootenay；www.radiumhotsprings.com
- 7556 Main Street East, Radium Hot Springs, BC

国家公园门票看这里
网址：www.pc.gc.ca

种类	单日票价	通票票价
成人(17～64岁)	$9.8	$67.7
长者(65岁以上)	$8.3	$57.9
青年(6～16岁)	$4.9	$33.3
家庭(同一辆车内最多7人)	$19.6	$136.4

※单日门票可使用至次日16:00。
※通票(National Park Discovery Pass)有效期 1年，可在加拿大全国27处国家公园、77处史迹(Historic Sites)、4处海洋生态保护区(Marine Park)使用。

落基山8天行程规划

Day 1 / 556公里
温哥华 Vancouver 150km → 希望镇 Hope 108km → 梅利特 Merritt 84km → 甘露 Kamloops 142km → 希卡姆斯 Sicamous 25km → 克雷吉力奇 Craigellachie 47km → 灰熊镇 Revelstoke

景点：甘露人参(p.132) / 亚当斯河鲑鱼(p.142) / 飞鹰隧口最后一根枕钉(p.138)

Day 2 / 378公里
灰熊镇 Revelstoke 148km → 黄金镇 Golden 100km → 镭温泉 Radium Hot Springs 103km → 城堡山交会点 Castle Junction 27km → 班夫 Banff

景点：天空草地(6月底～7月底，p.139) / 罗杰斯隧口(p.138) / 镭温泉(p.201) / 大理石峡谷(p.200)

Day 3 / 83公里
班夫 Banff 24km → 约翰斯顿峡谷 Johnston Canyon 8km → 城堡山观岩点 Castle Cliffs Viewpoint 21km → 出口溪观景点 Outlet Creek Viewpoint 5km → 露易丝湖村 Lake Louise Village

景点：班夫(洞穴与盆地、硫黄山缆车、弓河瀑布、班夫城堡旅馆)(p.182) / 隧道山道、迷你汪卡湖环湖路(p.186) / 约翰斯顿峡谷、城堡山观岩点、出口溪观景点(p.191)

Day 4 / 136公里
露易丝湖村 Lake Louise Village 14km → 梦莲湖 Moraine Lake 16km → 露易丝湖 Louise Lake 4km → 露易丝湖村 Lake Louise Village 19km → 螺旋隧道观景点 Spiral Tunnel Viewpoint 47km → 幽鹤谷路交会口 Yoho Valley Road Junction 13km → 塔卡考瀑布 Takakkaw Falls 17km → 菲尔德 Field 11km → 翡翠湖及天然桥 Emerald Lake & Natural Bridge 11km → 菲尔德 Field 27km → 露易丝湖村 Lake Louise Village

景点：梦莲湖、露易丝湖、翡翠湖及天然桥(p.161、162) / 踢马隧口(p.139) / 塔卡考瀑布(p.205)

Day 5 / 233公里
露易丝湖村 Lake Louise Village 35km → 乌鸦脚冰川 Crowfoot Glacier 1km → 弓湖 Bow Lake 6km → 佩投湖 Peyto Lake 8km → 雪鸟冰川 Snowbird Glacier 8km → 水禽湖 Waterfowl Lakes 15km → 迷思塔亚峡谷 Mistaya Canyon 4km → 渡口 River Crossing 29km → 哭墙 Weeping Wall 12km → 派克山脊 Parker Ridge 4km → 森瓦普塔隘口 Sunwapta Pass 5km → 哥伦比亚冰原中心 Columbia Icefield Centre 2km → 森瓦普塔河谷观景点 Sunwapta Valley Viewpoint / 天空步道 Glacier Skywalk 1km → 探戈瀑布 Tangle Falls 2km → 史陶菲冰川观景点 Stutfield Glacier Viewpoint 40km → 森瓦普塔瀑布 Sunwapta Falls 25km → 阿萨巴斯卡瀑布 Athabasca Falls 30km → 贾斯珀 Jasper

景点：冰原景观道路所有景点(p.193) / 哥伦比亚冰原雪车(p.196)

Day 6 / 256公里
贾斯珀 Jasper 44km → 马林湖 Maligne Lake 44km → 贾斯珀 Jasper 29km → 伊迪丝卡维尔山 Mount Edith Cavell 29km → 贾斯珀 Jasper 90km → 罗伯森山 Mount Robson 11km → 黄头藏身地（Tete Jaune Cache）18km → 维尔蒙 Valemount

景点：马林湖路所有景点(p.202) / 伊迪丝卡维尔山(p.204) / 罗伯森山(p.157)

Day 7 / 472公里
维尔蒙 Valemount 90km → 蓝河 Blue River 224km → 甘露 Kamloops 113km → 弗农 Vernon 45km → 基隆拿 Kelowna

景点：基隆拿酒庄、采果、赏花(p.130)

Day 8 / 381公里
基隆拿 Kelowna 123km → 梅利特 Merritt 108km → 希望镇 Hope 150km → 温哥华返程 Vancouver

景点：若第7天来不及观赏基隆拿，可安排第8天观赏后，再返回温哥华

落基山国家公园
幽鹤国家公园
Yoho National Park

水色清清，绿波荡漾

翡翠湖(Emerald Lake)
水色清清，绿波荡漾

　　幽鹤国家公园的翡翠湖纵然小巧，却最先听到飞燕带来春的信息，赶忙掀去覆盖的雪衣，从薄冰下呈现碧绿。发现露易丝湖的1882年，威尔森在他的马带领下也发现了翡翠湖。翡翠湖路(Emerald Lake Road)最早于1904年修筑，马车载客一路颠簸8公里到太平洋铁路公司搭建的营帐，沿途雪峰连绵，马路因而命名"雪峰路"(Snow Peak Avenue)。当年营帐已建成朴质典雅的翡翠湖旅馆(Emerald Lake Lodge)，马路也铺上柏油，唯一不变的是有雪山倒影的碧湖。

山脊间隐藏着地球史页

　　翡翠湖由冰川堆积石筑成，面积略超过1平方公里，水深仅及28米，站在停车场通往旅馆的桥上往下看，水清见底。湖边拔起的两座高山相连的山脊间即是著名的伯吉斯页岩化石床(Burgess Shale Fossil Beds)所在，在1909年由考古学家瓦寇特(Charles Walcott)发现。伯吉斯页岩化石床的发掘重现了5.3亿年前地球生态，1981年联合国教科文组织将伯吉斯页岩化石床列为世界遗产(World Heritage Site)。

大水穿凿顽石形成天然桥

　　沿翡翠湖路回头约6.8公里的路边，踢马河(Kicking Horse River)遇上一块顽石挡道，本来水流可以越过石头继续前进，但踢马河却不甘心，硬是钻缝侵蚀出一道口，由石头下方流出，未能蚀透的石头便形成"天然桥"(Natural Bridge)。石头与水的战争还在持续，也许百年，也许千年，总有一天，水流最终会将石桥攻陷。

翡翠湖
- 自驾，加拿大横贯公路（1号高速公路）在菲尔德(Field)附近依标志转进翡翠湖路，前行约8公里抵达湖滨停车场

落基山国家公园
班夫国家公园
Banff National Park

落基山的翡翠项链

露易丝湖
➲ 自驾，加拿大横贯公路(1号高速公路)Lake Louise Drive出口，南行5公里抵达湖滨停车场

露易丝湖(Lake Louise)
雪山下闪亮的绿翡翠

1882年夏夜，加拿大太平洋铁路探勘队伍到达弓河与派普斯通河(Pipestone River)交会口扎营，向导威尔森(Tom Wilson)忽然听到远处滚滚雷声，随行的原住民向导告诉他，雷声来自"小鱼湖上的大雪山"。

第二天清晨，威尔森刻意探寻雷声来源，发现雷声为雪崩声，而雪山下一泓碧湖宛若翡翠。他在日记上写道："老天在上，我发誓从来没有看见过这么无与匹敌的景色！"于是命名碧湖为"翡翠湖"(Emerald Lake)。翡翠湖后来改以英国女王维多利亚(Queen Victoria)女儿露易丝的名字，称为露易丝湖；雪山则称为维多利亚山。

传说露易丝湖水经由孔雀尾巴蒸馏，才产生如翡翠的碧绿；也有人说，湖水反映天色。事实上，不是孔雀也不是蓝天造就落基山的碧湖，而是冰川的精心杰作。落基山碧湖多由冰川补充水量，困在冰川里的石砾互相摩擦成细如面粉般的石粉(Rock Flour)，随着冰川融化的水沉淀湖里或漂浮水中，光线透过时反射蓝、绿光谱，湖面便呈现碧绿。

梦莲湖(Moraine Lake)
十座山峰陪衬的蓝绿玉

梦莲(Moraine)意即冰川堆积石，1899年发现梦莲湖的威尔科克斯(Walter Wilcox)认为，梦莲湖由冰川堆积石围堵融雪水成湖，因而命名；

而湖畔堆积成山的石头，却让地质学家怀疑湖因落石形成。

无论梦莲湖因冰川堆积石或因落石形成，梦莲湖水来自温克奇纳冰丝川(Wenkchemna Glacier)，较露易丝湖水少了些绿，却多了几许蓝；湖面不如露易斯湖气派，群峰环绕间却显出村姑的淳朴。"温克奇纳"是原住民语，意即"十"，如今十峰多已易名，温克奇纳峰成为山峰代表，与梦莲湖一齐印在1969～1993年发行的20元加币背后，偶尔还能看见。

弓湖(Bow Lake)／佩投湖(Peyto Lake)
碧绿与粉蓝各见姿色

源自瓦普塔冰原(Wapta Icefield)的弓冰川(Bow Glacier)供给弓湖的碧绿，并使水色沿着弓河一路向东蜿蜒数百里。同源的佩投冰川(Peyto Glacier)挟带的石粉，将佩投湖涂抹成粉蓝，游人更爱浮游湖面，见证冰湖水色来源。佩投湖原是向导比尔·佩投(Bill Peyto)的私房景点，他于19世纪90年代自英国移民进入加拿大落基山并以向导为生，1893年他引领威尔·科克斯(Walter Wilcox)在弓湖扎营后，带着铺盖独自溜到附近碧湖过夜，威尔·科克斯得知湖后，定名佩投湖。

梦莲湖
▶ 自驾，加拿大横贯公路(1号高速公路)Lake Louise Drive出口，南行2公里，见Moraine Lake Road路标左转，继续行12公里即抵达湖滨停车场

弓湖／佩投湖
▶ 自驾，加拿大横贯公路(1号高速公路)转往冰原景观道路(93号公路)北行，34公里到弓湖；继续北行6公里，依标志左转入佩投湖

▼ 弓湖　　　　　　佩投湖 ▶

落基山国家公园
贾斯珀国家公园
Jasper National Park

湖光山色相映成趣

马林湖

➡ 自驾，出贾斯珀镇取道黄头高速公路(16号公路)东行，转入Maligne Lake Road，沿路行走44公里抵达湖滨停车场

马林湖(Maligne Lake)
公园内的最大湖泊

"马林"法文意思为"搞怪"(Wicked)，1846年法国神父试图跨越马林河下游遇阻，因而命名马林河。位于海拔1 675米的马林湖是冰川凿开并由冰积石堵塞形成的湖泊，四周群山环绕，为贾斯珀国家公园第一大湖。站在游船码头，只见层层山峦次第向远处延伸，最近的参孙峰(Samson Peaks)经常顶着白头俯视湖面。

马林湖船屋(Boat House)

也许因为湖面宽广，马林湖乍看不像落基山其他碧湖让人惊艳，加拿大雁却最欣赏马林湖，成群聚集湖滨或悠游湖波，潜鸭也爱在湖里上上下下觅食。从湖畔伸入湖水的马林湖船屋1928年即建成，已成历史建筑，但仍然提供泛舟服务，当年放养的彩虹鳟恐怕已经繁衍了好几代。

▲ 马林湖船屋

▲ 精灵岛

精灵岛清秀脱俗(Spirit Island)

乘船接近精灵岛后舍舟登高远眺,但见小岛清秀脱俗,环岛湖光映着绿树雪山,仿如仙境。

哥伦比亚冰原(Columbia Icefield)
北极以南最大冰块

落基山中有好几处冰原,其中哥伦比亚冰原为北极以南最大冰块。这里8条知名冰川流向四方,融雪的水汇集湖、河,北入北冰洋,东、西各以大西洋及太平洋作归宿。

原住民早已活跃于落基山间,18世纪皮毛猎人在原住民协助下开始经由隘口翻山越岭,商人、传教士及科学家随后涉足落基山。1898年夏天,发现霓虹原理的英国科学家科里(Norman Collie)攀上阿萨巴斯卡山(Mt. Athabasca),无意间撞见哥伦比亚冰原。

柯立发现冰原时相信,眼前的广袤冰原从来未为人知,周围群峰也未经攀登。短时间内,冰原附近山峰一一被征服且获命名,冰原并以其中最高峰、海拔3 745米的哥伦比亚山(Mt. Columbia)命名。

哥伦比亚冰原
- 自驾,从加拿大横贯公路与冰原景观道路交会点北行127公里,或从贾斯珀镇南下103公里,在冰原访客中心对面、阿萨巴斯卡冰川正上方

1.阿萨巴斯卡山/2.安卓米达冰川

夏天，冰川仿佛从沉睡中苏醒

　　加拿大落基山脉22座高峰半数环绕在哥伦比亚冰原四周，来自太平洋的水汽尽管努力往上爬，却逃不出群峰屏障，冷空气羁绊住水汽并化成冰雪。年年长冬短夏，一波波新雪盖旧雪，冰雪日益老去更无力翻身，终于造就成面积325平方公里、厚度超过300米的大冰原。

　　夏天，冰川仿佛从沉睡中苏醒。一旦夏日融化表面冰雪，挣脱桎梏的冰川便跳跃奔腾，忙着营造溪、湖，滋润生命。听到冰川手舞足蹈，久经冰雪压抑的小花再也不甘埋没，利用去夏储存的热量，纷纷冒头与冰川共舞，原本雪白的世界，一夕间镶上色彩缤纷的花边，一曲曲生命乐章随着水流抑扬顿挫。

1.乘坐大雪车可以踏上阿萨巴斯卡冰川／2.阿萨巴斯卡冰川／3.雪圆顶是三分水岭，融冰的人分别流向太平洋、大西洋及北冰洋

冰原冰川

冰川是流动的坚冰。六角结晶的雪花落地后棱角逐渐模糊，经过一夏未融，即成为雪粒(Firn)；雪粒互相挤压，空气减少，密度增加，变成冰粒(Icy Grain)。年年新雪压旧雪，冰粒越来越密实，经年累月，逐渐形成坚冰(Glacier Ice)。坚冰开始移动，冰川便告诞生。

每年冬天积雪多于夏天融雪，冰川就会增大、前进(Advance)，融雪多于积雪则冰川缩小、撤退(Retreat)。冰川退缩后让出的地相当贫瘠，藻类先在石砾间生长稳住土壤及湿度，一簇簇接踵而至的苔藓增厚地表；然后，风和鸟带来的种子开始在准备好的土地上发芽。

冰川退缩，植物苏生

火草(Fireweed)桃红亮丽的花代表征服贫瘠土地的胜利微笑；赤杨(Alder)由空气中吸收氮以壮大躯干，从根部释放氮以肥沃土地，繁繁茂茂地领头为大树拓荒。倒地的赤杨为云杉(Sitka Spruce)铺好苗圃，毫不在乎云杉最终会抢去它的天空；而较云杉需要更少阳光及水分的铁杉(Western Hemlock)后来居上，一步步侵占云杉的地盘。从藻类、苔藓、草本到大树成荫，便是冰川退却后植物递嬗过程(Plant Succession)。

冰川越老颜色越蓝

光谱七彩遇上厚实的坚冰，活生生地被吞噬掉六彩，只吐出吃不下的蓝色，因此冰川表面呈现蓝色。冰的年龄越老越坚硬，反光也就越蓝；年轻的冰里还包含融化及挤压过程中来不及逃跑的空气，空气越多，光线越容易透过，看起来就越白。

冰川有几种

冰川都发源于山顶冰原，归宿却不一样。

- **碗状冰川**：冰川逐渐退缩后，只剩很小部分留在山坳里，好像一碗刨冰，称作碗状冰川(Crique Glacier)。
- **海潮冰川**：从冰原直入海洋的冰川称作海潮冰川(Tidewater Glacier)。海潮冰川气势有如海上长城，因气温上升、互相挤压或久经海浪拍打剥离的冰块就是俗称的冰山(Iceberg)。
- **悬挂冰川**：已从谷地退缩到山崖，悬在山崖上举足不前的为悬挂冰川(Hanging Glacier)。
- **山谷冰川**：最常见的为山谷冰川(Valley Glacier)。受地心引力牵引，冰川从冰原一路下到谷地，并将走过的山壁打磨成U槽。

▲ 蓝色冰山

▲ 上面像蛋糕奶油的一层为冰原，往下像河流的为冰川

落基山主题之旅
国家公园生态镜头
观树、赏花、邂逅野生动物

落基山植物散布在三个生长区,由山区(Montane)爬升至亚高山带(Subalpine)、高山带(Alpine)。白杨、梁木松、道格拉斯冷杉是山区最普遍的落叶及针叶树。冷杉或英格曼云杉生长在亚高山带。高山带因风大、雪多、生长季短,挣扎着存活的针叶树多半矮短且枝干扭曲,甚至刻意背对寒风生长,像根旗帜飘扬的旗杆(flagging)。

夏日是落基山最热闹的季节,不但高山草场野花怒放,而且公路沿线也都镶上花边。冰川百合(Glacier Lily)领先将山坡涂抹成鲜黄色,耧斗草(Columbine)低头绽放淡黄、浅紫和橘红,白头翁(Western Anemone)奶白花瓣捧着黄色花心,红苜蓿(Red Clover)更像围着桃红头巾的村姑。沿路生长的牛眼菊(Oxeye Daisy)与天星菊(Aster)最是热情洋溢,石生风铃花(Harebell)披戴蓝纱还带着几分羞怯,黄花橡叶草(Dryas)来不及抬头就已变成飞絮飘散传种。也就在路旁树丛间,草茱萸正伸展苞叶吸引虫媒,水牛莓满丛红浆果为黑熊加餐。

落基山国家公园最常见的野生动物为马鹿和大角羊,林间、道旁甚至公路中央都可能与它们不期而遇。马鹿更知道居住城市的舒适,不时闯入民宅花圃,或是盘踞高尔夫球场饱餐;大角羊较倾向山野,偶尔也会霸路拦车索要食物。骡鹿和白尾鹿多逗留在森林边缘觅食,山羊只为舔食路边矿物质下山,黑熊随着成熟的浆果移动,驼鹿与灰熊比较难见踪影,各种地鼠及乌鸦家族却相当活跃。

1.树旗杆/2.耧斗草/3.红花苜蓿/4.牛眼菊/5.冰川百合/6.石生风铃草/7.黄花橡叶草/8.白头翁/9.梁木松/10.白杨秋天同步变色/11.云杉杉果

解读山中植物

梁木松(Lodgepole Pine)
原住民帐篷的支柱

梁木松是艾伯塔省省树,因原住民用作架设帐篷支柱而获名。梁木松身材瘦高,因赶着长高争抢阳光,根本来不及壮硕躯干。虽雌雄球果同株,但梁木松每年春末夏初传粉总要大肆铺张搞得满天满地黄绿色花粉;即使授粉圆满,若无森林大火还是功亏一篑。梁木松很少活过200岁,除了松线虫为害,主要因森林火灾死亡。火在梁木松生命循环中扮演关键角色,因松果只能靠烈火烧爆才得以释放种子繁殖,也只有大火清除浓密老林,才能提供梁木松需要的阳光与土壤。

白杨(Aspen)
为落基山带来金黄秋色

白杨每年为落基山带来灿烂秋色,也提供马鹿(Elk)冬天食粮,更是制造木桨、木碗筷及纸浆的材料。白杨青绿树皮仿佛怕日晒,为此白杨偶尔会为树皮敷上白粉过滤紫外线,原住民也乐得用作防晒粉。白杨母株每年生产上百万种子随风飘送,种子却不带养分又欠缺外膜保护,因而生命短暂无力繁殖,只有靠自体分离(Clone)传宗接代。

白杨从浅根中长出新芽,由于出于自体分离,每株新树一模一样,树叶春天同时发芽,秋天同步变色。而且由于白杨雌雄各自成株,雌株只分离雌株,雄株分离出来的新树一定是雄株。

英格曼云杉(Engelmann Spruce)
制作琴类和独木舟的材料

英格曼云杉因德国植物学家乔治·英格曼(George Engelmann)获名,以耐寒著称,即使不时要经历严冬摄氏零下60度气温考验,英格曼云杉还能活过千岁。云杉也是多用途木材,纤密的木质适合制作独木舟、枕木,易产生共鸣的特质成为制作钢琴、小提琴的材料。鹿喜欢啃食云杉嫩枝,松鼠和鸟也分食其果实。

道格拉斯冷杉(Douglas Fir)
最常用作圣诞树

道格拉斯冷杉以英国植物学家大卫·道格拉斯(David Douglas)命名。大卫于1827年即进入加拿大落基山采集植物，由于他的无心之误，促使哥伦比亚冰原被发现。道格拉斯冷杉树干皮厚有助防火，最老活过1 300岁；针叶隐隐透露树香，最常用作圣诞树。偶尔气候特殊，初夏枝丫会出现白色结晶糖，原住民称为"树奶"。

亚高山冷杉(Subalpine Fir)
原住民的香粉和护发油

亚高山冷杉绿色针叶像涂抹了白霜还带点灰蓝，原住民将针叶磨成粉状，用作香粉，掺和鹿油，可以当发油护发。枝叶制香点燃或悬于墙上据说能避凶趋吉，甚至使垂死病人复活。冷杉果实喜欢正襟危坐于树梢，秋天松鼠采食会留下满地狼藉。亚高山带的长冬短夏及冰雪冷风逼使冷杉必须佝偻着身子求生，冷杉却也能绝处逢生，贴近地面的枝丫逐渐伸入土壤成根，在周围长出一圈小树，众星拱月宛如盆栽。

火草(Fireweed)
生命力蓬勃的野花

二次大战英国伦敦遭受大轰炸后，火草率先从焦土中抬头；库特尼国家公园大分水岭界碑旁的火草步道(Fireweed Trail)边，火草还在陪伴1968年森林大火残留的枯木。"火草"绝非浪得虚名。它不但赶在火灾后带来欢颜，冰川撤退后留下的贫瘠砂土上，它还义不容辞地帮忙稳住薄土，增加色彩。火草不仅花颜动人，而且叶、茎和花都可用作食物。火草的表亲矮火草(Dwarf Fireweed)花色桃红近紫色，经常生长在亚高山带石隙间，更爱长在河边，用色彩慷慨地渲染河床，因而别称"河美人"(Riverbeauty)。贾斯珀国家公园的哥伦比亚冰原下，森瓦普塔河床便是矮火草最宽广的画布。

罂粟(Poppies)
东方罂粟光芒四射

东方罂粟(Oriental Poppy)显然是舶来品，却于人工悉心经营下在露易丝湖畔光芒四射，迫使湖畔花朵较小、黄色或白色的冰岛罂粟(Iceland Poppy)相形失色。冰岛罂粟不产花蜜，多数自助授粉，明亮的花瓣和柱头却容易招蜂引蝶。一旦种子成熟，修长花茎会随风摇摆，像撒胡椒似的将种子传播。

1.火草／2.彩笔／3.河美人／4.石楠／5.草茱萸／6.水牛莓／7.冰岛罂粟／8.东方罂粟

彩笔(Paintbrush)
点缀高山草场的画笔

落基山上的彩笔生长于亚高山与高山带,色彩最缤纷,红、粉、黄掺杂着争风头。鲜红的彩笔是美国怀俄明州(Wyoming)州花,传说很早很早以前,一位印第安画家看到黄昏天际红霞,忍不住想动笔留住美景,却怎么也无法巧夺天工,愤而掷笔,笔落地后,便长出红色彩笔。

草荑萸(Dwarf Dogwood)
苞叶似花却非真花

草荑萸的同门不是灌木便是树木,它却不想长大只想赖在大树脚下。绿底衬托出四片白瓣,像花却不是花,只是招徕的幌子,更适合用作虫媒探访花心的降落平台。当成簇果实变红成熟时,花的身份终于揭晓,原来花心才是真花。果实形状也成为草荑萸另一个名称"一簇莓"(Bunchberry)的来源。传说草荑萸花源自被残暴丈夫吊在树上的妇人,妇人每一滴血落地,就变成一棵草荑萸。草荑萸因为富含胶质,又称"布丁莓"(Puddingberry)。

石楠(Heather)
突显高山野花特征

石楠最能代表高山带野花特色,每年只生长一些叶子,却要省省地使用好几年才汰换,以适应高山带短暂的生长季。石楠紧贴着地面生长,避免能源无谓消耗;开口朝下的灯笼状小花是为了吸收地表的热气。石楠熬煮的苦茶被用作治疗肺痨的药方。据说,一名肺痨病患和朋友一同上山采莓果,却躺在石楠丛里睡去并梦到病体痊愈。醒来后他顺手摘了些石楠回家煮茶,连续饮用一段时间,神奇地恢复了健康。

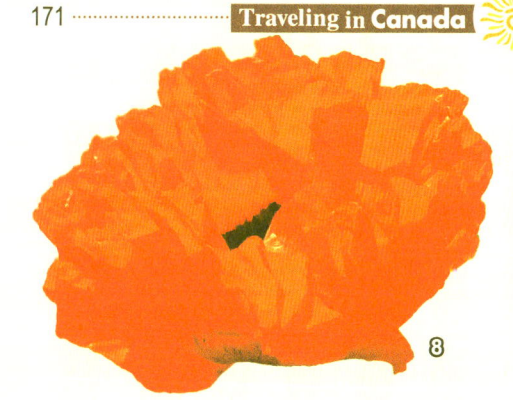
❽

水牛莓(Buffaloberry)
别称肥皂莓

水牛莓含碱性,打汁时会起泡,因此别称"肥皂莓"(Soapberry)。加拿大落基山森林边缘或河边经常得见红亮亮的莓果,也有机会看到埋头猛吃莓果的黑熊。水牛莓富含维生素C和铁质,尝起来酸中带涩,加糖熬煮可以制作果酱。原住民却喜欢将莓果打成蛋白似的泡沫,添加鱼油及糖,制成"印第安冰激凌"(Indian Ice Cream)。

寻访野生动物

马鹿(Elk)
最爱悠闲逛大街

深棕色头颈和腿、棕色身躯的马鹿近白色的臀部配上同色短尾最抢眼,难怪原住民称马鹿为"白臀"(Wapiti)。1917、1920年,先后3批马鹿自美国黄石公园(Yellowstone National Park)乘火车到落基山放养,马鹿一度还因为繁殖过甚危害生态,必须定期部分"枪决"。如今马鹿在班夫及贾斯珀国家公园处处可见。

马鹿大部分时候成群聚集谷地,班夫和贾斯珀镇周围最常见。夏天,雄性马鹿会移往较高处觅食,养壮身体也长好头角,准备秋天争取交配权。只有**公鹿**生长头角,每年冬末头角脱落,鹿茸于春天钻出,经过一夏培养,到秋天正好派上用场。

季节一到,公鹿顿时变成"号角男孩"(Bugle Boy),不时昂首嘶吼,吸引母鹿注意,并用头角摩擦树干,释放求偶气味。母鹿每年5、6月间生产小鹿,小鹿很快就跟得上妈妈脚步,母子悠然漫步马路,经常让人必须停车等候。

出没 马鹿成群聚集河边谷地,班夫和贾斯珀镇周围最常见。

大角羊(Bighorn Sheep)
坚固大角用来决斗

大角羊是班夫的动物代表,公羊头顶的大角先向后伸再弯曲向前上勾,戏剧性绝不亚于京戏头冠,重量可达到体重的13%。角上明显的轮环像是大树年轮,透露大角羊年龄。母羊毛色同于公羊,身材较小,头角像一弯小月牙。

夏天公羊喜欢组织"单身俱乐部"(Bachelors' Club),成群游荡于山坡林间觅食,母羊则多半带着小羊逗留谷地。秋天,公羊为争取母羊青睐交配,单身俱乐部成员可能因此反目成仇,但是还是先礼后兵,若侧身比比大角即能分出高下则可免去战争,否则就会有头角对撞的决斗登场,直到分出胜负。所幸公羊大角质地坚硬,很少因碰撞折断。

出没 班夫附近的迷你汪卡湖畔、黄头高速公路东行到贾斯珀湖附近、马林湖与麦迪生湖之间及库特尼国家公园辛克莱峡谷(Sinclair Canyon)路旁经常能看到大角羊。

驼鹿(Moose)
鹿家族中最高壮、害羞的成员

鹿科里身材最高壮的驼鹿喜欢独行也害羞,少到路边亮相,但驼鹿爱吃水草,因而水草繁茂的湖畔可能发现它的踪影。

骡鹿(Mule Deer)
有着像骡子的大耳朵

骡鹿因两只像骡子的大耳朵获名,水汪汪的大眼睛不时盯着人瞧,像是防备,更带几分好奇。骡鹿与白尾鹿尺寸、毛色相当,最能分辨差异的特征在尾巴。骡鹿尾巴宛若白色大毛笔,笔尖还蘸着黑墨汁;白尾鹿的白尾反而不容易看到,只有小鹿受惊翘起尾巴奔逃时才突显尾巴的白毛。

山羊(Mountain Goat)
下山只为舔食矿物质

山羊全身长长的白毛配上一对光滑黑角,公羊、母羊一样打扮,只有靠黏在母羊脚边的小羊区分山羊性别。高山悬崖是山羊的天然护卫,雪崩、落石及饥荒反而是山羊天敌,偶尔金鹰也会冲向悬崖夺走小羔羊。与马鹿、大角羊相较,山羊较孤僻,只在需要舔食路边矿物质及盐时才下山。

出没 贾斯珀南边37公里的冰原景观道路边及冰原北边的森瓦普塔峡谷(Sunwapta Gorge)、库特尼国家公园近赫克特峡谷(Hector Gorge)的涅道山(Wardle Mountain)是山羊较常出没的地区。

鹿角年年换新,羊角透露年龄秘密 〔玩家充电站〕

中文的"角",无论羊角、鹿角听起来没差别,但英文的羊角称"Horn",鹿角却称"Antler"。两者的差别在于前者为永久性,后者可脱落换新。落基山常见大角羊,大角羊的角就是从娘胎出来的那一副,随着年龄长大,角上的刻痕可以显示年龄。落基山也常见马鹿,那鹿角就年年更换。

基本上,鹿科只有雄鹿长角。夏季行走落基山中,偶尔会遇见雄马鹿头顶大叉角,忙着埋头进食,毫不理会一旁兴奋的游客。

进入秋天,壮硕的雄鹿已经无暇进食,头顶大叉角要向母鹿显示身强体壮,向其他公鹿耀武扬威以争取交配权。通常,一头雄壮的公鹿周围会有成群妻妾,游客要胆敢进入它的领域,肯定遭到追杀。交配季节过后,雄鹿的大叉角失去功能,也就脱落废弃。美国黄石公园南边的杰克逊(Jackson)小镇公园四面都有鹿角拱门,即是收集脱落的马鹿角搭建。

但是,替圣诞老人拉车的驯鹿(Reindeer)却是公、母都长角,推测可能是皮毛太过保暖,需要长角帮忙散热。野生驯鹿称作Caribou,路旁的告示显示,落基山中也有过路的野驯鹿群,可惜不容易看见。

黑熊(Black Bear)
最爱吃水牛莓

黑熊体形较灰熊小，脸部比较多线条，背部不像灰熊隆起一团肌肉；称作黑熊，黑熊皮毛不一定黑，有时也偏红棕色。母熊3～6岁间成熟，隔年夏天交配一次，怀胎7个月，冬眠时期小熊在洞里出生，4月间从冬眠醒来。黑熊常在最早融雪的谷地路边觅食，野草、树根、块茎都吃，毫不偏食。夏天森林边缘的水牛莓成为黑熊最主要的食物，马林湖路、冰原景观道路边的莓果丛经常发现黑熊踪影。

出没 马林湖路、冰原景观道路边的莓果丛经常发现黑熊踪影。

灰熊(Grizzly Bear)
无所不吃，吃素也行

灰熊活动范围较黑熊大，冬天却不像黑熊专心冬眠，偶尔会出洞觅食充饥。虽是肉食动物，但迫于形势，落基山上灰熊也无所不吃，而且大多素食。灰熊有较长的爪，得以挖掘块茎或捕捉洞里小哺乳动物，隆起的背肌也提供灰熊捕杀大哺乳动物的动力。灰熊5～7岁成熟后，每两三年才交配一次，每次产一两头小熊，还得跟在身边两三年。

出没 沿冰原景观大道的沙斯卡奇旺和森瓦普塔河谷，较有机会看到灰熊。

独自遇到熊怎么办？

在路边车阵里和一堆人一起看熊，当然热闹、刺激又有趣。但是，单独走在步道上，一头大黑熊突然出现；或是露营夜晚醒来，帐外熊影幢幢的话……热闹、刺激、有趣的感觉瞬间烟消云散，变成恐怖、恐怖、恐怖！

如何避免与熊不期而遇？
国家公园园警(Warden)建议：
- **不时拍手、唱歌、大叫**：让熊知道有人路过，熊通常会避开人。
- **利用日间行走步道**：走人们常走的步道，避免单独行动。
- **适当储藏食物、化妆品，处理垃圾**：露营煮食地点宜与营帐保持相当距离。避免穿着煮食衣服入营帐，以免未散的食物气味给熊提供觅食线索。
- **发现熊踪迹立刻离开**：发现新鲜的熊爪印、粪便、新掘的土壤或动物尸体，最好立即离开附近地区。

如果不巧遇上了熊？
- **保持冷静**：停止动作但小声说话，让熊知道你与猎物不同；然后缓缓后退，或等熊先离去才走开。尖声惊叫或拔腿奔逃只会引起熊更大兴趣。记住，熊是肉食动物，虽然落基山上的熊迫于环境大多吃素！

如果熊准备攻击你？
- **装死还是还手呢？** 假若熊攻击是因为受惊自卫，面朝下躺下，用手护头颈装死，让熊减轻受威胁感；假若熊扑上来开始攻击，立即还手，让熊知道猎物并不容易到手，最好知难而退。

落基山鼠辈(Rodents)
活蹦乱跳处处得见

加拿大落基山几乎处处得见鼠辈,红松鼠、小栗鼠、金毛地鼠、哥伦比亚地鼠最活跃。

红松鼠(Red Squirrel)
经常隐身松杉枝丫间觅食,摇动的树枝及满地狼藉的果核却泄露它的行踪。

小栗鼠(Least Chipmunk)
和金毛地鼠很像,身上都有条纹装饰,也都喜欢住在水畔石堆,不仔细看还真难分辨谁是谁。其实小栗鼠身材最迷你,条饰从鼻尖一直到尾巴。

金毛地鼠(Golden-mantled Ground Squirrel)
体形稍大,条饰只从尾巴到颈后,仿佛刻意描绘的白眼圈让眼睛更大、更圆。

哥伦比亚地鼠(Columbian Ground Squirrel)
体形更大,喜欢在草地做窝,将草地挖得千疮百孔,进进出出追逐嬉戏,或是直挺挺地在洞口站岗,一有人走近就高声吹口哨示警。

灰毛土拨鼠(Hoary Marmot)
灰毛土拨鼠也会吹口哨,贾斯珀国家公园的口哨山(The Whistlers)就因它得名。身材比其他鼠辈都大,但却真是"胆小如鼠"。一旦出洞,必定先左顾右盼,然后再立直身体检视周围环境,确定四下无人,才一点点往前走,一面吃草,一面还忙着抬头警戒,只要有毫风吹草动,立即飞速回洞。

鼠兔(Pika)
鼠兔是兔,乍看更像鼠辈家族成员,身材比小栗鼠稍大,跑跳石堆间也似一溜烟,还会吹哨示警。但是它饮食习惯如兔,食草后再吃排出的粪便,一点也不浪费食物。梦莲湖畔石堆间最易见到鼠兔,入秋时节尤其忙碌。由于鼠兔不冬眠,因此要储备足够过冬食物。

1.红松鼠/2.小栗鼠/3.金毛地鼠/4.哥伦比亚地鼠/5.灰毛土拨鼠/6.鼠兔

乌鸦家族(Corvus)
长年守在落基山上掠食

鸭、雁夏天爱用落基山的池塘和小湖避暑，金鹰春、秋两季路过班夫迁徙，只有乌鸦家族长年守在落基山上，大乌鸦(Raven)、灰噪鸦(Gray Jay)、克拉克星鸦(Clark's Nutcracker)及黑嘴鹊(Black-Billed magpie)不时出现。

大乌鸦随遇而安，也无所不吃，最容易生存，全身漆黑其貌不扬，大嗓门却让人无法忽视。原住民有说不完的大乌鸦传奇故事，但一拐一拐走在落基山间的大乌鸦却一点也不神奇，唯一能相信的是大乌鸦能用言语传播消息，只要发现野生动物尸体，很快就会见到成群大乌鸦聚集。灰噪鸦与克拉克星鸦外表相似，以美西早期探险家威廉·克拉克(William Clark)命名的星鸦身材较胖，灰脸、黑喙，长喙特别为捡食松子或蛀虫设计；灰噪鸦小巧，脸毛较白、短喙，比克拉克星鸦安静，但两种鸦对野餐桌上的食物同样感兴趣，星鸦甚至大胆地掠食游客手上食物。黑嘴鹊最特别的是长过身体的尾翼，翩**然落地后，黑嘴鹊涂抹了蓝珠光的尾翼更炫。**

▲大乌鸦

▲燕子

▲灰噪鸦

▲黑嘴鹊

▲克拉克星鸦

观赏动物引发大堵车

"Jam"可以是果酱,但也可以解释为"拥挤"或"堵塞"。

在加拿大落基山上,道路堵塞多半由观赏野生动物引起,因此通称"动物堵塞"(Animal Jams)。

野生动物是加拿大落基山吸引游客的主要元素之一,当黑熊妈妈带着小熊出现在公路边时,游客兴奋程度绝不亚于踏上阿萨巴斯卡冰川。众人纷纷停车争睹黑熊风采或摄影留念,不知不觉就形成一长串车阵;路过的驾驶员当然心生好奇,也不知不觉地放慢车速探究,道路顿时堵塞,一般称为"熊堵塞"(Bear Jam)。公园里马鹿、大角羊也不少,因此也发生"马鹿堵塞"、"大角羊堵塞"。有趣的是,道路堵塞的长短程度与动物露面的频率有关,看马鹿的车队一定短于大角羊,最长的堵塞当然是观赏黑熊或灰熊的车阵。

野生动物也有专用路桥!?

是隧洞,为什么不见山挡路?是路桥,为什么杂草丛生不见人、车通行?原来这是加拿大横贯公路(1号高速公路)上架设的野生动物专用路桥,让动物不必冒生命危险过马路!

在自然生态圈中,野生动物多有天敌,落基山国家公园野生动物丧命的最大原因却是发生车祸。加拿大横贯公路是世界最长的高速公路之一,通过班夫国家公园的一段虽然不长,但是交通繁忙。为保护野生动物,在班夫国家公园东门到不列颠哥伦比亚省界的1号高速公路沿线道路两边都设有铁丝网,防止动物过马路,并设置38处地下道(Underpass)及6座路桥(Overpass),专供动物通行。

1996年,研究单位开始观察记录动物使用地下道及路桥的情况,结果发现,到2012年3月,11种大型哺乳动物共使用202 319次。观察也发现,马鹿最快习惯使用保护设施,甚至在兴建中就迫不及待通过;灰熊最迟疑,需要5年观察期。

▲ 黑熊

▲ 白尾鹿

▲ 山羊

▲ 灰毛土拨鼠

落基山城市漫步
卡尔加里
Calgary

通往加拿大落基山的门户城市

卡尔加里是通往加拿大落基山的门户城市，位于弓河与艾尔鲍河(Elbow River)交汇口。一万多年前只有原住民扎营渔猎。19世纪中叶，皮毛商与威士忌酒商进入，破坏原有秩序，不时和原住民发生冲突。1875年，政府派遣西北骑警(North West Mounted Police)前往维持治安，骑警于原住民扎营旧址建筑城堡，并以苏格兰小镇卡尔加里命名为卡尔加里堡(Fort Calgary)。

卡尔加里市区不大，步行即可游览市中心及中国城。市区新老建筑交错，砂岩门面是1886年大火以后重建的老建筑，连云的玻璃幕墙门面炫耀着开发石油发迹后的卡尔加里。

http www.tourismcalgary.com ➪ 见p.42

▲ 卡尔加里堡

▲ +15

▲ 马鞍室内体育场

最特别的是，城市大楼由一段段人行天桥(Skywalk)连接。卡尔加里称人行天桥为"+15"，因为天桥高于地面15英尺(约4.5米)；天桥总长达11英里(18米)，成为世界最长的人行天桥，也是卡尔加里一景。

卡尔加里时区

卡尔加里在山区时区(Mountain Time Zone)，时间比温哥华快1小时。

第8街步行街

卡尔加里气候

基本是大陆型气候，但卡尔加里气候受城市海拔1 048米及接近落基山的地理位置的影响。冬季干冷，但偶尔越过落基山的翻山风(Chinook)会在几小时内将温度提升摄氏20度。夏天为雨季，日夜温差较大。

加尔卡里全年每月的平均温度
(摄氏／资料来源：www.theweathernetwork.com)

月份	1月	2月	3月	4月	5月	6月
温度	-8.9	-6.1	-1.9	4.6	9.8	13.8
月份	7月	8月	9月	10月	11月	12月
温度	16.2	15.6	10.8	5.4	-3.1	-7.4

中国城 (Chinatown)
折射铁路与华人历史轨迹

1884年加拿大太平洋铁路火车开进卡尔加里，带来更多人口，卡尔加里堡西边、如今的第8街附近发展成卡尔加里市中心，并逐步扩展，城市规模渐具。华人在市中心北边自成聚落，中国城同时发展。

铁路工程竣工后，原来协助兴建铁路的华工顿时失业，也无能力返乡。移民法又禁止亲属移民，流落卡尔加里的华工于是聚集在第九街与中央街(Centre St.)一带，从事饭馆、洗衣等劳动力密集行业，也经营杂货、烟草店，或以种植蔬果出售为生。

传统公园(Heritage Park)
重现拓荒时期的西部小镇风貌

卡尔加里市区南边的传统公园是浓缩1860～1950年间当地生活的历史村落，鲜活地展现了皮毛商活跃于加拿大西部时期、铁路未开通前聚落及20世纪10年代西部小镇，让人感受到加拿大西部拓荒精神。从高河(High River)搬到传统公园的荣昌洗衣店(Wing Chong Laundry)可以见到铁路竣工后华人生活一斑。

中国城
- 步行，介于3 Ave SE(北)、4 Ave SW(南)、1 St SE(东)、Centre St(西)之间的区域

传统公园
- www.heritagepark.ca
- 1900 Heritage Dr SW, Calgary
- 公交车，轻轨红线Heritage Station下车后转搭园区接驳车

7月牛仔竞赛

- www.calgarystampede.com
- 1410 Olympic Way SE, Calgary
- 公交车，轻轨红线(Crowfoot-Somerset)Victoria Park及Erlton两站

卡尔加里塔

- www.calgarytower.com
- 101-9Ave SW, Calgary
- 成人(18～64岁)$15.24
  长者(65岁以上)$13.33
  青少年(13～17岁)$10.48
  孩童(4～12岁)$6.67
  另加5%
- 9月～次年6月9:00～21:00
  7、8月9:00～22:00
- 圣诞节
- 步行

7月牛仔竞赛(Stampede)
卡尔加里年度最盛大庆会

华人自力营生之际，卡尔加里主要经济来源为牧场与肉类屠宰包装，直到1914、1947年，南、北边分别发现石油，卡尔加里摇身一变成为高楼林立的工业都市。但卡尔加里居民并未忘记原来赖以为生的农牧业，1912年以来每年7月举行为时10天的农牧展及篷车、牛仔竞赛，这仍然是卡尔加里年度最盛大庆会。

▲ 牛仔竞技大赛总部

▲ 牛仔节庆场址

卡尔加里塔(Calgary Tower)
高空观赏美景

位于市中心的卡尔加里塔，自1968年夏天开放以来，一直是卡尔加里的地标。卡尔加里塔在世界高建筑排名中仅略胜于西雅图太空针塔(Space Needle)，乘电梯登上190米塔顶，已在海拔1 228米以上。站在观景台(Observation Desk)透过脚下玻璃地板观看，市区尽在眼底；抬头举目，城市之外是草原和落基山脉。

▲ 卡尔加里塔

▲ 卡尔加里城市鸟瞰

奥林匹克公园、奥林匹克广场
(Canada Olympic Park、Olympic Plaza)
加拿大冬季奥运会举办地

虽然卡尔加里塔是市中心地标,但是卡尔加里的最高点不在高塔,而在市区西北边缘的加拿大奥林匹克公园高台。1988年,第十五届冬季奥运会圣火曾在此点燃,各国好手风云际会,将卡尔加里的名字传播到世界各地;而今冬日滑雪道仍在使用,圣火台已冷,旗帜依然随风招展。

在市区市政府前的奥林匹克广场(Olympic Plaza)当年是举行冬奥颁奖仪式的场地,而今为居民休闲的公园;冬天喷泉水池结冰,变成室外溜冰场,洋溢着溜冰孩童的欢笑声。

奥林匹克公园
- 169 Canada Olympic Rd, SW
- 自驾,位于1号高速公路边,往来落基山国家公园必经,无公交车

奥林匹克广场
- 介于 7 Ave SE(北)、9Ave SE(南)、Macleod Trail (东)、1St SE(西)之间的区域
- 轻轨City Hall 站

第8街步行街
居民会晤及购物的老街

夹在高楼间的第8街毫不耀眼,刻意保留的砂岩建筑却透露老街的地位。卡尔加里市区就从第8街开始发展,而今两旁餐馆、咖啡厅、小商店错落,漫步老街还能保持一份闲情。

落基山城市漫步
班夫
Banff

观光小镇，山中传奇

班夫镇群山环绕，卡斯喀山(Cascade Mountain)永远是班夫镇主街班夫街(Banff Ave.)忠实的靠背。蓝道山(Mount Rundle)有弓河陪衬，已造就班夫风景点，黄昏时分更爱投影在朱砂湖(Vermilion Lakes)上，刻意组成班夫国家公园的风景片。弓河穿透蓝道山分割出隧道山(Tunnel Mountain)。海拔1 692米的隧道山在原住民眼里像一头卧睡的水牛，因而也称作卧牛山。

- www.banff.ca；www.banfflakelouise.com
- 位于卡尔加里以西128公里的加拿大横贯公路(1号高速公路)南边。高速公路有两处出口，分别沿Mount Norquay Road及Banff Avenue进入小镇中心
- 为方便观光客，班夫镇提供游览公交车。公交车都从镇中心出发，其中黄、红、蓝3条路线往返镇内景点，绿线则来往于班夫与东南边25公里的小镇坎莫尔。镇内公交车票价单程$2(13～64岁)、$1(6～12岁，65岁以上)，日通票一律$5。班夫到坎莫尔全票$6，半票$3。可使用美元或加币购票。详情查询www.roamtransit.com

路线	景点	营运时间
Tunnel Mountain(蓝线)	班夫城堡旅馆	06:15～23:30
Sulphur Mountain(红线)	硫黄山温泉及缆车	06:15～23:30
Canmore(绿线)	班夫⟵⟶坎莫尔	平日 06:00～23:00 周末 12:00～20:00
Cave and Basin(黄线)	洞穴与盆地、硫黄山温泉及缆车	周五～周日 假日

▲ 班夫公交车

▲ 蓝道山有弓河陪衬，是班夫一景

▲ 卡斯喀山是班夫镇班夫街忠实的靠背

弓河瀑布(Bow Falls)
弓河的即兴演出

弓河河水来自弓冰川融冰造成的弓湖，从发源地开始，弓河一直静静地流淌，为落基山增添几分灵气。流过班夫的弓河桥后，绿水突然加快脚步变成白湍，急吼吼地滚下河床，造成弓河瀑布。

激情过后，弓河与斯普雷河汇流，才又回复一贯的淡定，继续向东流去。而弓河瀑布边，有人仍然津津乐道《大江东去》的故事，有人拾阶而上俯视瀑布也回眸林间的城堡旅馆，有人自两河汇流处放皮筏艇随波逐流。马鹿最爱流连河边高尔夫球场的草地，偶尔也见骡鹿饮水河边。

弓河瀑布
- 自驾：从市中心Banff Avenue南行，跨过弓河桥后左转Spray Avenue，跟随Bow Falls标志左转到弓河边停车场
- 班夫公交车：蓝线到路底的班夫温泉旅馆，再从旅馆旁的阶梯下行到弓河畔

上温泉池
- www.hotsprings.ca
- 成人(18～64岁)$7.3，长者、孩童及青少年(65岁以上及3～17岁)$6.3。另有泳衣、浴巾、保管箱出租
- 除10月下旬定期维修外，全年开放。5月中到10月中09:00～23:00，其余时间可上网查询
- 自驾，从市中心Banff Avenue南行，跨过弓河桥后左转Spray Avenue，遇Mountain Avenue右转，未到缆车站前再右转。或搭乘班夫公交车红线到终点站。周末、假日黄线公交车也能到

上温泉池(Upper Hot Springs Pool)
地理位置最高的温泉

加拿大政府经营"洞穴与盆地"的同时，也授权太平洋铁路公司旗下的班夫温泉旅馆，将泉水引入旅馆招徕。铁路公司医生布雷特(Dr. R. G. Brett)跟着沾光获得特许，在班夫发展温泉疗养院(Brett's Sanitarium)、旅馆、医院等多种企业，更将泉水装瓶出售。1901年，布雷特的旅馆付诸一炬，政府收回权利，自行发展"上温泉池"。

上温泉池由国家公园经营，海拔1 585米，是加拿大地理位置最高的温泉。泉水温度保持在37℃～40℃，水中含硫酸盐、钙、重碳酸盐、镁及钠等矿物质，带着淡淡的硫黄味。温泉池在室外，泡温泉时可以一面欣赏山景。但因为池不大，很多时候显得拥挤，有人形容像是"煮了一锅水饺"。

洞穴与盆地历史古迹

http://www.pc.gc.ca
- 成人(17～64岁)$3.9，长者(65岁以上)$3.4，孩童及青少年(6～16岁)$1.9。持有发现通票免费
- 7月初～9月初每天10:00～17:00，其余时间可上网查询
- 自驾，从市中心Banff Avenue南行，跨过弓河桥后右转，沿Cave Avenue走到底。周末、假日可从市中心搭乘班夫黄线公交车前往

1.洞穴与盆地／2.3名修筑铁路的工人以枯木爬进洞穴发现温泉／3.最初被发现的温泉仍然涌出热水

洞穴与盆地历史古迹
(Cave and Basin National Historic Site)
国家公园由此诞生

班夫地表的雪水由地层裂缝渗透地心，经地热加温增压后，再从硫黄山(Sulphur Mountain)渗出，沿路溶解的矿物质具有治病功能。太平洋铁路公司看到班夫温泉的"钱"景，政府也希望借由温泉开发，能补贴兴建铁路造成的财政赤字，于是在铁路公司的鼓吹与配合下，加拿大政府开始经营温泉洞穴以及邻近泉水涌出的盆地。

最初游客经由木梯入洞洗浴温泉；随着游人增加，洞穴与盆地陆续扩充，成为加拿大最大泳池，建筑模式也是当时的典范。但温泉富含的钙质逐渐凝结，产生的土花(Tufa)挤裂了泳池墙地。池水加氯消毒，制造了有害健康的沉淀物，"洞穴与盆地"不得不暂停营业。虽然在国家公园庆祝百周年之际"洞穴与盆地"修复重开，但老问题依然存在，水温也下降到30℃左右，游客逐渐失去兴趣，加之每年只开放暑期3个月，勉强支撑到1992年，温泉泳池永远关闭。

虽然"洞穴与盆地"温泉泳池不再营业，但旧址却成为国家历史古迹，继续开放供游客参观。古迹建筑内的小温泉池生长着特殊的蜗牛，建筑外流淌的温泉也让附近沼泽冬季免于冰冻，500米长的沼泽木板步道(Marsh Boardwalk)可以沿路观察落基山湿地生态。

硫黄山缆车
(Sulphur Mountain Gondola)
班夫群峰尽收眼底

硫黄山缆车是加拿大仅有的双向缆车，8分钟内可爬升698米达到海拔2 281米山顶。山顶上有1公里长的木板步道通往老气象站，沿途可能遇见大角羊、灰毛土拨鼠或金毛地鼠。围着瞭望甲板远眺，360度视野所及，不仅班夫群峰尽收眼底，还可看见弓河一水如带，蜿蜒流过市镇。

硫黄山缆车

- www.explorerockies.com/banff-gondola
- 成人(16岁以上)$35.95，孩童及青少年(6～15岁)$17.95。另外加5%税。与天空步道(Glacier Skywalk)、大雪车(Glacier Adventure)合购，票价有折扣优惠
- 除1月份的定期维修外，全年开放。4月中～8月底08:00～21:00，其余时间可上网查询
- 开车从市中心Banff Avenue南行，跨过弓河桥后左转Spray Avenue，遇Mountain Avenue右转走到底。或搭乘班夫公交车红线到终点站。周末、假日黄线公交车也能到

1. 从硫黄山顶俯视，班夫尽在眼底／**2.** 硫黄山缆车

驾车小径兜风

畅游班夫景观小路
边开边玩，沿途欣赏美景

可沿湖兜风，一路欣赏山光水色，一面期待与野生动物的不期而遇，春秋两季也可能见到过境的候鸟。

隧道山道(Tunnel Mountain Drive)
瀑布、城堡、巫毒石

隧道山路一面靠山一面沿河，在惊喜点(Surprise Point)停车，脚下弓河瀑布(Bow Falls)步伐急促地赶斯普雷赴河(Spray River)约会。一水之隔，班夫温泉旅馆耸立林间，仿佛独霸一方的欧洲城堡。据说，1953年影星玛丽莲·梦露(Marilyn Monroe)曾经住宿班夫温泉旅馆拍摄《大江东去》(River of No Return)，一次在弓河附近拍片时不慎扭伤脚，推梦露轮椅的任务顿时成为旅馆最抢手的工作。

转入隧道山路，路旁的巫毒石(The Hoodoos)倚山而立。原住民相信巫毒石是变成石柱的巨人，晓伏夜出袭击过客。巫毒石或是恶煞寄宿的帐篷，因此人们对它敬而远之。

隧道山道
➡ 自驾，从镇中心沿Buffalo Avenue前行，接上Tunnel Mountain Drive，沿山上行，转入Tunnel Mountain Road下山

迷你汪卡湖环湖路
(Lake Minnewanka Road)
落基山脉的第一大湖

"迷你汪卡"的原住民语意即"湖中水怪",原住民相信湖里住了一头半人半鱼的水怪,因此他们不敢在湖中游泳、泛舟。

进入环湖路约3公里,发现班克黑矿场(Bankhead Mine)聚落废墟犹存,1.1公里的步道带人走进历史。据说,班克黑全盛时期还有60名华人加入采矿,华工聚集成一处小中国城。

继续前行,迷你汪卡湖出现在眼前。大湖长24公里,深142米,是加拿大落基山脉最大、最深的湖。其实,迷你汪卡湖已不是天然湖,而是个大水库。1912、1942年两次筑坝发电,将迷你汪卡湖水位一再提高,淹没湖畔度假村,湖面也更加宽广。

朱砂湖道(Vermilion Lakes Drive)
黄昏景色最动人

位于班夫镇边缘的朱砂湖道紧贴着1号公路划出一条4.8公里的湖畔风景线。夏天鸭、雁喜欢聚集朱砂湖戏水;而在黄昏时分若遇上红霞满天,水映天光呈现朱砂色,加上蓝道山的倒影,景色更是动人。一万年前,朱砂湖原是一个大湖,而今已被水草、灌木丛分隔成三个湖,靠着融雪时弓河溢出的水及硫黄山渗入的少量泉水维持。

迷你汪卡湖环湖路
● 自驾,从Tunnel Mountain Road下山后,遇Banff Avenue右转前行,过1号高速公路桥洞即进入迷你汪卡湖环湖路。沿环湖路兜一圈后,可再沿Banff Avenue回镇中心,或上1号高速公路往东到卡尔加里,往西到露易丝湖

朱砂湖道
● 自驾,从镇中心沿Mount Norquay向1号高速公路方向行进,左转Vermilion Lake Drive

▼朱砂湖面有蓝道山倒影

落基山城市漫步
贾斯珀
Jasper

铁路运输与旅游为经济命脉

1.2万年前冰川退去后,原住民就已经进入贾斯珀地区采集渔猎。19世纪初,皮货商经由阿萨巴斯卡及黄头隘口(Yellowhead Pass)翻越落基山从事皮毛贸易。19世纪中期皮毛生意没落,贾斯珀也逐渐沉寂。往后到20世纪初期,只有一些拓荒、探险者涉足贾斯珀。

20世纪初,随着铁路兴建带来游客,城镇逐渐发展。今天的贾斯珀依然以铁路运输和旅游为经济命脉,康纳特(Connaught Drive)及帕特里夏(Patricia St)两条主要街道旅馆、餐厅、纪念品店错落,1913年兴建的第一任公园园长住所,已成为访客中心,合并两条铁路的加拿大国铁车站人来人往最是热闹。

- www.jasper.travel
- 冰原景观道路(Icefields Parkway,93号公路)与黄头高速公路(Yellowhead Highway,16号公路)交会口
- 贾斯珀镇中心就几条街,步行即可走遍,周边景点必须自驾

Traveling in Canada

玩乐篇

帕特里夏湖及金字塔湖
(Patricia Lake & Pyramid Lake)
水光潋滟的湖泊美景

贾斯珀国家公园以湖泊取胜，园内逾800个大小湖泊，镇中心方圆15公里就有近60处湖泊。贾斯珀镇的金字塔湖路通往帕特里夏湖及金字塔湖。沿途木棉、白杨、梁木松多已从百年前大火废墟中长成森林，秋日山坡、湖滨颤动的金黄仿佛林木手舞足蹈庆祝浴火重生。金字塔山及森林喜欢投影的湖心，晨雾也爱徘徊。清晨，湖光多隐藏在雾幕中，等阳光驱走雾水，水鸟清亮的歌唱便响彻湖间，野鸭晨泳掀动水波，搅乱湖中投影，也唤醒了湖。湖醒了，更见水光潋滟。

帕特里夏湖及金字塔湖
- 自驾，从贾斯珀镇中心取道Pyramid Lake Road 上行5公里即抵帕特里夏湖，续行2公里到达金字塔湖。

贾斯珀缆车与口哨山
- 贾斯珀缆车www.jaspertramway.com
- 自驾，出贾斯珀镇沿冰原景观道路南行2.5公里，右转入口哨山路(Whistlers Road)续行4公里，即可抵达贾斯珀缆车站(Tramway Terminal)

▲ 金字塔湖

▲ 帕特里夏湖

贾斯珀缆车与口哨山
(Jasper Tramway & Whistlers Mountain)
登山览胜，风景如画

贾斯珀缆车7分钟的车程上升936米，越过林线，几乎到达口哨山顶。从缆车站俯视，阿萨巴斯卡河像一条细线，悠悠绕过贾斯珀镇，市镇外围的伊迪丝湖(Edith Lake)、安耐特湖(Annette Lake)及贾斯珀国家公园旅馆(Jasper Park Lodge)边的美碧湖(Lac Beauvert)都缩成一泓小水潭。沿缆车站步道上行1.4公里，即抵达海拔2 464米的山顶。

口哨山以灰毛土拨鼠爱用哨声传播消息命名。山顶多为冰雪覆盖，冰雪渗透石缝一点点剥蚀的石砾成为高山带植物仅有的土壤，有限日照及冷风肆虐直让植物抬不起头，只能仆伏护卫原已稀薄的土地。即使野花愿意用颜色装点夏日，也得匆匆来去以保存精力。难怪灰毛土拨鼠情愿长睡，每年冬眠9个月。

落基山景观道路
弓河谷景观道路
Bow Valley Parkway, 1-A

悠闲欣赏弓河山水

弓河谷景观道路与加拿大横贯公路平行,却避开主要公路的繁忙,驱车游览心境更悠闲,也更接近森林,并有更多机会遇见野生动物。

➡ 自驾,从班夫沿1号公路西行约5.6公里,弓河谷景观道路岔出,与1号路平行西向51公里到露易丝湖。弓河谷景观道路于1号公路开通后多以1A高速公路代称,直到1986年道路设施改善,才正式定名为弓河谷景观道路。

5.5公里 骡蹄野餐区
(Muleshoe Picnic Area)
遍地绿茵,缀满野花

锯背山(Sawback Range)烧成焦炭的树林还记录着1993年火灾,与遍地绿茵、缀满野花的景色构成死与生的强烈对比。锯背山火灾是人为故意纵火,称为处方火(Prescribed Burn),大火烧开浓密老林,让阳光透进林间;也烧掉经年累积的废物,让土壤得到重新使用;更烧去包裹松果的松脂,释放出繁殖的种子。森林从熄灭的烟灰中逐渐长成,花草引来觅食的野生动物,森林又恢复生机盎然。

11公里 锯背山野餐区 (Sawback Picnic Area)
马鹿惹祸，白杨遭殃

远看锯背山野餐区，白杨林里的白杨似乎全都穿上高度相当的黑靴，下车检视才惊觉黑靴是累累疤痕。每年冬雪埋没野草之际，马鹿(Elk)最爱啃食白杨树皮充饥，一啃再啃，白杨于是伤痕累累，或是日久结成黑疤，或是失去树皮保护遭虫害侵袭而倒地不起。班夫国家公园内1号公路沿路多处设有铁丝网保护野生动物免于车祸；弓河景观道路沿线，马鹿为祸威胁白杨生存，国家公园管理局只好也围起铁丝网保护白杨。

17.7公里 约翰斯顿峡谷 (Johnston Canyon)
踏着栈道寻访瀑布

约翰斯顿峡谷是约翰斯顿溪与石灰石及白云石经年累月缠斗的结果。8 000年前一次山崩的土石阻断约翰斯顿溪出路，迫使溪水另辟蹊径，终于切割出约翰斯顿峡谷。

当较易妥协的石灰石被水攻陷之际，白云石固守，在峡谷中造成落差，7处瀑布于是形成。最近的下瀑布(Lower Falls)距离停车场1.1公里，水高30米的上瀑布(Upper Falls)则在2.7公里外。

踏着建筑在山壁的栈道走在峡谷间，空气因溪岸的森林显得清新，森林却因水气而挂满苔藓，脚下白中透蓝的溪水潺潺，有时也因落差而湍急。飞溅的水珠迎面扑来时，伴随的是下瀑布的水声隆隆。

24.2公里 城堡山道路交会点 (Castle Junction)
沿途松林夹道

城堡山正下方的城堡山道路交会点正好在弓河谷景观道路半途，由此处可回到1号公路，或转往93号公路南下进入库特尼(Kootenay)国家公园，也可以继续前行到露易丝湖。

城堡山道路交会点到露易丝湖的弓河谷景观道路两旁尽是梁木松(Lodgepole Pine)，梁木松因树干瘦高，原住民喜欢用作帐篷梁柱，因而得名。梁木松需要依靠森林大火烧开球果释放种子

繁殖，加拿大太平洋铁路铺设到附近时的几次火灾正好给梁木松提供新陈代谢的机会。繁密森林底下，小杉树已亭亭玉立；再过几十、几百年，若没大火帮忙，梁木松将失去繁殖能力，能够忍受较少阳光、较贫瘠土壤的杉林将是装饰弓河谷景观道路的主力。

25.1公里 城堡山观岩点 (Castle Cliffs Viewpoint)
观赏挺立千万年的城堡山

从约翰江斯顿峡谷停车场转出后，老是觉得城堡山挡在路中间。由白云石及石灰石组成的城堡山，不轻易向冰雪低头，已挺立于落基山脉千万年。1858年派勒什(Palliser)勘测队初见城堡山时，即依山形命名；二次大战期间，曾经更名艾森豪威尔山(Mt. Eisenhower)，以纪念盟军统帅艾森豪威尔(Dwight D. Eisenhower)。据说，原定出席更名仪式的艾森豪威尔因高尔夫球局未散，临时缺席，当地人便戏称绿意盎然的最南边山峰为"艾森豪威尔果岭"。1979年城堡山又改回原名，南边山峰沿称艾森豪威尔峰(Eisenhower Peak)。

45.8公里 出口溪观景点 (Outlet Creek Viewpoint)
绝佳的落基山山水画页

以圣殿山(Mount Temple)为首的山脉出现在左前方时，几乎可以嗅到露易丝湖水的清凉。弓河景观道路临去秋波在接近尽头前优雅地转个大弯，雪山、碧河、森林、铁轨组合的画面正是落基山最好的写照。20世纪三四十年代，太平洋铁路摄影师莫连(Nicholas Morant)通过镜头传播这幅山水风景，这处出口溪(Outlet Creek)入弓河的特殊景点因而也被称作莫连弯(Morant's Curve)。

49.9公里 弓河谷景观道路与白角路交会点 (Bow Valley Parkway / Whitehorn Road Junction)
弓河谷景观道路的终点

这就是弓河谷景观道路的终点了。右转2公里便是白角山(Mount Whitehorn)滑雪场。夏天仍可搭乘缆车上山，居高临下观赏露易丝湖风光。

50.7公里 白角路与加拿大横贯公路交会点 (Trans-Canada Highway Junction)
进入横贯公路或露易丝湖村的转折点

由此可以进入加拿大横贯公路；或跨过路桥，前往露易丝湖村(Lake Louise Village)。

落基山景观道路
冰原景观道路
Icefields Parkway, 93 N

串起冰原的风景线

冰原景观道路是世界上最美的公路之一，连接起班夫与贾斯珀两处国家公园，雪山、峡谷、冰川、碧湖、瀑布错落分布路边，是游览加拿大落基山不可错失的景观道路。

冰原景观道路为20世纪30年代经济大萧条时期的公共工程。1931年自露易丝湖和贾斯珀两边同时开工，1939年于大弯冈(Big Bend Hill)会合，次年正式通车。这条几乎为手工打造的道路因沿路遍布的冰原而命名。

> 自驾，取道加拿大横贯公路从露易丝湖西行近3公里，衔接上北向的93号公路，即进入冰原景观道路

33 km 乌鸦脚冰川、弓湖、弓冰川 (Crowfoot Glacier、Bow Lake、Bow Glacier)

湖光总爱涂抹山影

源自瓦普塔冰原(Wapta Icefield)的弓冰川供给弓湖湖水，将弓湖造就成为冰原景观道路路边可见的最大湖泊。湖水出口后形成弓河，弓河因沿岸生长的道格拉斯冷杉(Douglas Fir)适合制弓获名。冬天，弓湖隐藏在冰雪里，弓冰川也因此而失色；夏日融雪后风平浪静、湖光总爱描绘山影，弓冰川隐隐透蓝陪衬。除了弓冰川，附近的乌鸦脚冰川也悬挂山巅俯视弓湖；经过多年退缩，乌鸦脚三趾几乎减成两趾，不再趾高气扬。

1.乌鸦脚冰川／2.弓湖／3.弓冰川

40公里 弓隘口、佩投湖 (Bow Pass、Peyto Lake)
冷风袭人，野花遍地

佩投湖眺望台位于海拔2 069米的弓隘口，隘口为加拿大全年开放公路最高峰，即使盛夏，也感觉冷风袭人。背对眺望台有3条步道，最左边返回小型车停车场，400米下坡，亚高山带野花遍地；中间100米步道通往游览车停车场；右边600米的林线步道(Timberline Trail)沿途解说亚高山带植物生态。沿冰原景观道路再往北行约3公里的路边小停车场可通往佩投湖步道(Peyto Lake Trail)，单程2公里直下湖畔。

48公里 雪鸟冰川 (Snowbird Glacier)
宛若天使展翅

就像展翅的天使挂在山坡，覆盖的冰雪让羽翼雪白，脚下的冰积石透露冰川走过的痕迹。

1.雪鸟冰川／2.佩投湖／3.水禽湖／4.渡口／5.哭墙／6.派克山脊步道

58公里 水禽湖 (Waterfowl Lakes)
碧水柔情，山势雄伟

水禽湖分上湖(Upper Lake)、下湖(Lower Lake)，湖水来自米思塔亚河(Mistaya River)。米思塔亚河从佩投湖流出后，挟带的石粉一路沉淀在沿路的湖泊，到下水禽湖时所剩无几，因此下湖水色碧绿但不突出，倒是靠着海拔3 266米的赛芬山(Mount Chephren)撑腰，兼具碧水柔情和山势雄伟。

71公里 迷思塔亚峡谷 (Mistaya Canyon)
迷思塔亚原住民语意为灰熊

迷思塔亚河汇集水禽湖(Waterfowl Lakes)水，奋力在石灰石间切割出迷思塔亚峡谷后，投奔北萨斯喀彻温河(N. Saskatchewan River)。经过400米步道可抵达架在峡谷上的木桥，见证河水辛勤刻画的成绩。"迷思塔亚"原住民语意为"灰熊"，河流一度被称为"熊溪"，但因

落基山中熊溪名称普遍，1907年玛丽·沙夫纳(Mary Schaffer)改称迷思塔亚河。河流与峡谷的背景是海拔3 155米的沙贝克山(Mt. Sarbach)。

77公里 渡口 (The Crossing)
冰原景观道路中继站

迷思塔亚峡谷以后，冰原景观道路一路下坡，跨越北萨斯喀彻温河路桥到达渡口(The Crossing)。滚滚河水曾经是早期拓荒人马的障碍，渡口如今成为冰原景观道路中继站，为旅客提供饮食、住宿及作为冰原景观道路仅有的加油站。经历4亿年的石英石为挺立渡口的威尔森山(Mt. Wilson)增添光彩，也透露落基山最初向导汤姆·威尔森的坚忍不拔。威尔森1881年即投身落基山，发现露易丝湖、翡翠湖(Emerald Lake)，也最早经营向导行业。

106公里 哭墙 (Weeping Wall)
西拉斯山壁泪涟涟

谁在哭泣？海拔3 270米的西拉斯山(Cirrus Mountain)为什么哭泣？渡口北行30公里外的西拉斯山情绪随季节变化，似乎总在伤春悲秋。六月融雪，草木蓬勃，西拉斯山面河的山壁上却是泪水涟涟，因而被称为"哭墙"。夏季将尽，西拉斯山逐渐收拾泪眼，却抹不去满面泪痕；秋末冬初，风雪又为哭墙增添新泪，随着气温下降，泪水冻结在岩壁上成为一条条冰柱，给攀岩爱好者制造了更刺激的运动。

110公里 大弯冈 (Big Bend)
修路工人会师于此

挥别哭墙便进入大弯冈，当年修筑公路时南北工人便会师此地。大弯冈刻意拐弯拉长了公路，短距离内还是垂直爬升425米。可经由1公里的步道前往观赏班夫国家公园最高的豹瀑布(Panther Falls)。另外，次高的新娘面纱瀑布(Bridal Veil Falls, KM 113)就在山冈对面，水少时瀑布几乎要从山壁上消失。

118公里 派克山脊步道 (Parker Ridge Trail)
萨斯喀彻温冰川最佳观赏点

单程2.4公里的步道，可通往萨斯喀彻温冰川(Saskachewan Glacier)最佳观赏点。萨斯喀彻温冰川是发源于哥伦比亚冰原的最大一支冰川，长达9公里。山脊顶端已在林线以上的高山带，纵使每年生长季只有几周，但盛夏季节野花还是抓紧时间展现，山羊及大角羊不时可见，老鹰则巡回天际伺机猎食。

122公里 森瓦普塔隘口 (Sunwapta Pass)
两处国家公园的分界点

森瓦普塔隘口不但是河流流向太平洋与大西洋的分水岭，也是艾伯塔和不列颠哥伦比亚省界。过到隘口界碑以北，便离开班夫国家公园，进入贾斯珀国家公园，阿萨巴斯卡山(Mount Athabasca)、冰川及哥伦比亚冰原中心(Columbia Icefield Centre)在望。

1. 森瓦普塔隘口／2. 隘口北面即是贾斯珀公园／3. 冰原中心／4. 阿萨巴斯卡山／5. 阿萨巴斯卡冰川／6. 阿萨巴斯卡冰川及森瓦普塔湖

127公里 哥伦比亚冰原 (Columbia Icefield)
放眼尽是冰雪

从冰原中心出发，布鲁斯特(Brewster)巴士一路上行，波纹湖(Ripple Lake)滋养的绿意逐渐褪去，冷杉背对着冰川掀起的冷风，针叶全拢向一边，宛若飘扬的旗帜遽然冻结在空气中，并僵持了数百年，目睹阿萨巴斯卡冰川前进与撤退。地质资料显示，阿萨巴斯卡冰川1844年曾经前进到冰原中心停车场，1870年以后渐渐退缩到如今地点，沿路地标也标示出冰川退缩的历程。巴

乘坐大雪车体验冰川

转换大雪车后正式进入阿萨巴斯卡冰川，尽管冰雪铺天盖地，但坐在直径两米的大轮胎上的车厢里，开足了暖气，毫不感觉冰雪冷冽。一旦置身冰川，仿佛踏进大冰窖，冰原上的冷空气被地心引力牵引而下，逗留于冰雪间，寒风刺骨，脚下300米深的厚冰穿透数百万年流光。很久很久以前，阿萨巴斯卡冰川所在地曾经是绿意盎然的森林；很久很久以后，冰川会消失踪影重新营造森林？还是又经历另一次冰川期，收复失去的土地？

冰川探险(Glacier Adventure)
🌐 www.explorerockies.com/columbia-icefield
💲 成人(16岁以上)$49.95，孩童(6〜15岁)$24.95；与天空步道合购为$64.95及$32.95。另加5%税
🕐 4月中旬到10月中旬开放，每天10:00〜16:00或17:00；6月1日〜9月1日 9:00〜18:00

Traveling in Canada

玩乐篇

土超越林线后,冷杉也失去踪影,刚由冰川退缩释放的砾土更加贫瘠,苔藓紧紧贴着土石生长,放眼除了冰雪还是冰雪,7分钟车程,时空倒退了几世纪。

133公里 森瓦普塔河谷与天空步道 (Sunwapta Valley & Glacier Skywalk)
从天空步道俯视冰川河谷

继硫黄山缆车、哥伦比亚大雪车之后,布鲁斯特公司在森瓦普塔河谷观景点建设了天空步道。400米长的椭圆形步道伸出山壁,从玻璃步道可俯视280米下的森瓦普塔河谷,也能更接近雪圆顶冰川。

天空步道(Glacier Skywalk)
www.glacierskywalk.ca
- 车票:成人(16岁以上)$24.95,孩童(6~15岁)$12.50;与大雪车合购为$64.95及$32.50。另加5%税
- 时间:5月1日到10月中旬开放,每天10:00~16:00或17:00;6月1日~9月1日 9:00~18:00

1.森瓦普塔河谷 / 2.冰川天空步道 (图片提供Brewster Travel canada)

134公里 探戈瀑布 (Tangle Falls)
跳跃于5亿年岩石上的水珠

探戈瀑布不似落基山其他瀑布水势汹涌,一帘帘水珠跳跃于5亿年的石灰石上,更显得轻盈。

136公里 史陶菲冰川观景点 (Stutfield Glacier)
连绵不断的冰川

也源自哥伦比亚冰原的史陶菲冰川显示冰原延续不断,冰川融雪水更飞身跃下森瓦普塔河渐趋宽阔的河谷,随着潺潺溪水流向大海。

176公里 森瓦普塔瀑布 (Sunwapta Falls)
湍流飞落成瀑布

"森瓦普塔"原住民语意为"湍流",森瓦普塔河流上游挟带太多土石因而显得举步维艰。自阿萨巴斯卡冰川脚下开始,冰川退去后留下的土石,有意无意地阻挡森瓦普塔河通路,森瓦普塔河被土石分割得支离破碎,却拐弯抹角执意继续行程。纵然满目疮痍,但每年夏初,娇羞的橡叶草(Dryas)及鲜艳的矮火草(Dwarf Fireweed)总会刻意装扮森瓦普塔河,将河床渲染成大片大片的淡黄与桃红。夏末花朵更化成飞絮,随风逐水散播。

离开冰原50公里后,森瓦普塔河变窄,也摆脱开了挡道的土石,开始迈开大步奔跑,更遽然转向,纵身跃下峡谷,投奔阿萨巴斯卡河,加入阿萨巴斯卡河与石英石的战争。

1.探戈瀑布/2.史陶菲冰川/3.森瓦普塔瀑布/4.阿萨巴斯卡瀑布/5.废河道

200公里 阿萨巴斯卡瀑布 (Athabasca Falls)
河水与石英石的战争

阿萨巴斯卡河与石英石河床的战争已经持续上万年，距离森瓦普塔瀑布24公里的阿萨巴斯卡瀑布是厮杀最惨烈的主战场，夏日战斗尤其悲壮。阿萨巴斯卡河硬生生地在石英石间切出一道峡谷，急流也迫使碎石于河床上磨出壶穴 (Potholes)。漫天水雾夹杂着河水怒吼，河流似乎占了上风。就在附近，废弃的河道也记录了阿萨巴斯卡河经历的挫败。阿萨巴斯卡河斗不过顽固的石英石，只好另辟蹊径；石头也不全然胜利，浑身累累伤痕，时间也无法治愈。

224公里 93号公路与93A交会 (93A Junction)
可转入伊迪丝卡维尔山游览

阿萨巴斯卡瀑布所在地，也是新旧冰原景观道路交会点。如今标示93A的公路与冰原景观道路平行前进24公里，沿途可转入伊迪丝卡维尔山(Mount Edith Cavell)游览。

230公里 贾斯珀镇(Jasper)
冰原景观道路终点

落基山景观道路
班夫—温德米尔高速公路
Banff-Windermere Highway, 93 S

贯穿库特尼国家公园唯一道路

基本上，班夫—温德米尔高速公路并非为观景而建，据说，最早提议兴建公路的布鲁斯(Randolph Bruce)只希望不列颠哥伦比亚省的温德米尔湖区能与艾伯塔省草原区连接，以方便他构想中的苹果园果实出口。布鲁斯于1923年6月30日参加了公路开通典礼，但并未落实他的苹果园梦想。

公路沿途朱砂隘口1968年大火旧伤依稀可辨，大理石峡谷石头与河水的争战还在持续。原住民不再挖掘赭土作颜料，颜料盆(Paint Pots)依然染黄赭土床。路旁偶见在树林边缘草地啃食的白尾鹿，在山坡路边舔食矿物质的白山羊。翻越辛克莱尔隘口(Sinclair Pass)，穿过铁斑点点的铁门隧道(Iron Gates Tunnel)，镭温泉(Radium Hot Springs)清澄的泉水正好洗涤仆仆风尘。

➡ 自驾，班夫—温德米尔高速公路起自城堡山道路交会点(Castle Junction)，终于镭村(Radium)，全长104公里，是加拿大在落基山脉修筑的第一条高速公路，也是贯穿库特尼(Kootenay)国家公园的唯一道路。公路翻过朱砂隘口(Vermilion Pass)，下到朱砂及库特尼河谷地，再爬升到辛克莱尔峰顶(Sinclair Summit)，出辛克莱尔峡谷接上95号公路。

10.2公里 朱砂隘口 (Vermilion Pass)
班夫与库特尼国家公园的分界

朱砂隘口1913年设置的水泥碑划定不列颠哥伦比亚省与艾伯塔省界、班夫与库特尼国家公园分界，界碑以东，河水流经弓河、萨斯喀彻温河入大西洋；界碑以西，河水流经朱砂河、库特尼河，汇集哥伦比亚河入太平洋。1858年派勒什勘测队的黑克特即跨过朱砂隘口，当时他认为隘口上坡缓慢，适合火车通行。想不到60年后，第一条公路由朱砂隘口穿越落基山。

17.2公里 大理石峡谷 (Marble Canyon)
7座木桥跨过大理石峡谷

哪来的大理石？不过是看起来像大理石的灰色及白色白云石(Dolomite)。5亿多年前即已形成的白云石纵然坚硬，却也禁不住溪水不断磨

Traveling in Canada

玩乐篇

洗、去棱去角，显露大理石般的光滑，峡谷因而获名。7座木桥跨过大理石峡谷，游人可行经其上一步步追踪峡谷留下的足迹。1万多年前，都昆溪(Tokumm Creek)在第一座桥外跃入朱砂河；9 000多年前，都昆溪瀑布已将溪口石床瓦解，抢占一片地盘，然后一点点向石缝渗透，或以瀑布用力淘刷石床，逐渐造就深60米、宽度3～18米、长度600米的峡谷。

峡谷并不全然通透，拖昆溪放弃的石块仍然跨在河上，连接着峡谷两壁，仿佛天然石桥。桥上生长的小树也许不知道溪水和石头缠斗的往事，只顾绿意盎然。

19.7公里— 赭土床 (Ochre Beds)
吸饱了红、黄色泉水的黏土

原住民早已知道了赭土床所在，认为是红土精灵的住所。其实，赭土是吸饱了红、黄色泉水的黏土，泉水来自赭土溪(Ochre Creek)上游的颜料盆，泉水带来的颜色似乎已经完全渗透入土里。小溪像一道清流，随着溪床起落，最终停止在平坦的黏土上；不慎跌落在溪床上的树干已被染成赭色，溪畔野草、石块也沾上斑斑土色，朱砂河即因此获名。

赭土是原住民的颜料 玩家充电站

原住民挖出赭土后，将黏土捏成块，放在炉火里烤干，磨成粉状，用鱼油或动物脂肪搅拌成颜料，涂在身体或帐篷上作装饰。20世纪初期，曾有商人企图以机器大量开采，运输到卡尔加里出售，后来发现没有经济效益而放弃，甚至连机器都不愿搬离。如今赭土床附近满布铁锈的机器就见证一次发财梦的破灭。

102公里— 镭温泉 (Radium Hot Springs)
镭元素能治病

镭温泉从红墙断层(Redwall Fault)直上地表，温度达47.7℃。镭温泉矿物质不多，也不带硫黄味，水中放射性镭元素是最大特色，温泉也因此而获名。镭温泉经营权很早就由英国人史都华(Roland Stuart)取得，但他一直未采取措施积极经营。1911年，史都华邀请一位肢体麻痹的法国富翁到镭温泉治疗，4个月后，富翁的脚居然恢复健康，史都华因此获得资助。不过，大多数资金都被他挥霍掉了，只建了一个简陋的水泥泳池及更衣间。1922年班夫—温德米尔公路开通前，政府以4万元补偿史都华，将温泉纳入库特尼国家公园。

落基山景观道路
马林湖路
Maligne Lake Road

遇见大啖莓果的黑熊

夏天驱车行走全程44公里的马林湖路,尤其在水牛莓成熟时节,最易遇见大啖莓果的黑熊。马林峡谷与麦迪生湖之间沿路黄花橡叶草镶边,棕眼苏姗、牛眼菊媲美,落基山中难得见到的木百合似乎偏好这段路程,零星散落道旁与林间。

6公里 马林峡谷 (Maligne Canyon)
马林河造成的一线峡谷

1.1万年前,阿萨巴斯卡河已切割出谷地,声势略逊的马林河赶不上进度,只能悬在阿萨巴斯卡河谷侧边,以瀑布形式跃入阿萨巴斯卡河。马林河千万年来天天不断与石灰石床磨蹭,3亿多岁的石灰石逐渐不支弃守,河水一点点向下挖深,终于造成一线峡谷。

行走峡谷第一到第六号桥3.7公里步道,可感觉逾万年的马林河劲道已经减退。距峡谷茶屋最近的一号桥边,23米瀑布溅起的水雾却正好滋润壶穴(Potholes)里的苔藓、蕨类甚至风带来的落地生根的小树。

▼棕眼苏姗　　　　　▼木百合

➡ 自驾,出贾斯珀镇沿黄头高速公路(Yellowhead Highway)东向,右转跨过阿萨巴斯卡河,即可衔接上马林湖路

▲马林峡谷

▲壶穴

壶穴是河水与石头磨蹭的副产品，河水先将较弱的石面造成凹陷，再挟带砂石磨圆打光并且扩大凹口；当峡谷加深时，壶穴便露出水面，风沙在洞里铺上薄土，植物欣然入住，壶穴慢慢形成悬挂峡谷中的花园。

21公里 麦迪生湖 (Medicine Lake)
河水在这里神秘消失

回到马林路继续前行15公里，麦迪生湖呈现在眼前。麦迪生湖蕴藏特异功能，马林河会在流经麦迪生湖时失踪，然后在马林峡谷现身；麦迪生湖秋末以后也会消失，直到次年夏天又再出现。原住民无法解释这种神秘现象，认为是巫医法术(Big Medicine)所致，湖因而获名。

玩家充电站 | 河水神秘消失的原因

原来造山运动举起落基山时，谷地较脆弱的地层已经出现裂缝，再经过多年河水侵蚀，裂缝更加扩大，并连成地下河流。夏天融雪水多时，湖面还能维持20米深度；8月后融雪水减少，麦迪生湖便开始"消失"，这种现象为喀斯特(Karst)地形特征，举世罕见，因此联合国教科文组织将马林河谷列为世界自然遗产。

44公里 马林湖 (Maligne Lake)
狭口之外别有洞天

马林湖位于马林湖路底，1907年玛丽·沙夫纳一行发现马林湖时，看到的也是如今的湖面。但是放筏入湖，挤过湖中狭口(The Narrows)，他们却发觉精灵岛(Spirit Island)立于湖中，四周山峰环绕，湖中别有洞天。马林湖冬天结冻，马林湖路关闭，游湖船只在6月底～10月初航行。

▲ 马林湖

精灵岛游船(Spirit Island Cruises)
🌐 www.malignelake.com/spirit_island
💰 成人$61.95，孩童(5～14岁)$30
🕒 6月初(视融冰情况)至10月初，每天10:00～16:00

落基山私房景点
隐藏版国家公园秘境

伊迪丝卡维尔山、塔卡考瀑布

其实，贾斯珀国家公园的伊迪丝卡维尔山和幽鹤国家公园的塔卡考瀑布都是公开的秘境，只是两地交通都不容易。14.5公里长的伊迪丝卡维尔路于20世纪20年代修筑，既窄又曲折，只供小轿车行驶；前往塔卡考瀑布的幽鹤谷路(Yoho Valley Rd) 有一处Z形转折，观光大巴士不容易通过，因此也限制了游客人数。

伊迪丝卡维尔山

➡ 自驾，从贾斯珀镇中心取道冰原景观大道路南向8公里，接上93A，93A行进5公里后转往Mt EdithCavell Road，盘旋上山14.5公里，抵达停车场

贾斯珀国家公园
伊迪丝卡维尔山(Mount Edith Cavell)
白头雪山，冰川相伴

伊迪丝卡维尔山海拔3 363米，山头终年积雪，原住民称为"白魔头"(White Ghost)；目前名称为纪念一次大战时协助盟军的英国护士。

冰川曾经覆盖到如今的停车场，19世纪末期才撤退到山间。20世纪40年代天使冰川(Angle Glacier)与卡维尔冰川(Cavell Glacier)还曾携手覆盖山腰，而今"天使"仅余上半身，展翼垂挂山上；卡维尔冰川蜷伏在山脚陪伴冰湖。湖里漂浮的小冰山或是白里透蓝，或是依然顶着跌落时挟带的灰土，都显示出与冰川的联系。

1.6公里的冰川步道(Path of the Glacier Trail)铺展在冰川残留的堆积石上，可以循着冰川曾经移动过的足迹探访退隐的天使及卡维尔冰川。

1.伊迪丝卡维尔山／2.卡维尔冰川／3.天使冰川

幽鹤国家公园
塔卡考瀑布(Takakkaw Falls)
飞流直下，气势磅礴

塔卡考瀑布
> 自驾，从露易丝湖取道加拿大横贯公路西向23公里，依标志转入Yoho Valley Road，沿路前行13公里，即抵达瀑布停车场

仰望塔卡考瀑布时，脑际闪过的是李白《望庐山瀑布》的诗句："飞流直下三千尺，疑是银河落九天。"

加拿大落基山不少瀑布多有万马奔腾的气势，但都是站在高处往下看，唯独塔卡考瀑布必须仰望，而且不能太接近，不然风起云涌之际，肯定躲不过迎面扑来的水汽。

"塔卡考"原住民语意为"真丰沛！"瀑布水柱从天际岩壁宣泄而下，气势奔放，正是幽鹤国家公园主题"山墙和瀑布"的奇妙风景写照。最后一次冰川期结束前，幽鹤冰川努力挖深谷地，周围河川追赶不及，只能悬挂山墙将雪水倾倒进谷地，造就幽鹤国家公园风景特色。

6倍高于尼亚加拉瀑布

塔卡考瀑布水源来自瓦普堤克冰原(Waputik Icefield)蓄养的大里冰川(Daly Glacier)，水势因季节与时刻而变化，夏天午后最是丰沛。石块随着水流滚动助长瀑布声势，偶尔也会堵塞出水杀杀瀑布威风。塔卡考瀑布从山顶缺口一跃380米，仅次于温哥华岛440米高的德拉瀑布(Della Falls)。

塔卡考瀑布在加拿大排名第二，但已6倍高于著名的尼亚加拉瀑布(Niagara Falls)。1897年德国探险家阿布(Jean Habel)最先发现塔卡考瀑布，也间接促成幽鹤谷地纳入国家公园。

塔卡考瀑布倾倒下来的水挟带大量砂石借道幽鹤河一路狂奔，在幽鹤谷路入口2.5公里处与踢马河交汇(Meeting-of-the-Waters)，形成泾渭分明的景象。

▼ 真丰沛! 塔卡考瀑布

购物篇
Shopping

购物！购物！购物！

难得来加拿大，什么非买不可？令人兴味盎然的加拿大"特色玩物"是什么？
买不起黄金，买瓶加拿大"液体黄金"如何？
从加拿大的特色商品到市井小民的购物商场，本篇完整搜罗。

特色商品

枫糖、鲑鱼、冰酒、人参,还有很多小玩意

可爱小玩意 *Souvenirs*

加拿大号称枫叶国,枫叶旗处处飘扬,枫叶相关产品也充满纪念品店,如国旗、T恤衫、棒球帽、马克杯、磁铁、填充玩具,具加拿大特色的小玩意应有尽有。

⁉ 特殊小玩意"驼鹿屎"

驼鹿(Mouse)是最大的鹿科动物,椭圆形的驼鹿屎每粒大约有1厘米长。Mouse意为"吃树枝的动物",因为吃树枝,所以屎不臭而且形状完整。在与加拿大接壤的美国阿拉斯加(Alaska)甚至出售驼鹿屎做成的耳环当纪念品。

加拿大出售的驼鹿屎只是徒有虚名,其实是巧克力包杏仁粒,另外还有巧克力包枫糖花生粒的熊屎。这两种幽默的糖果也代表加拿大自然生态。

▲枫叶熊　　▲驼鹿

▲"野生动物通过"趣味标志　　▲枫叶扑满

▲各式磁铁小物

枫糖浆
Maple Syrup

加拿大枫糖系列商品更发挥到极致，枫糖、枫糖饼干、枫糖奶油、枫味茶乃至各式包装的枫糖浆充斥货架。

▲ 枫糖系列商品架

▲ 各式枫糖浆

▲ 枫糖饼干

加拿大枫糖浆产量世界第一

加拿大枫糖浆产量世界第一，产区集中于魁北克省(Quebec)，多数出口到美国、日本和德国。原住民很早就知道枫树汁液含甜水，欧洲移民将甜水提炼成糖浆使用。枫树种类很多，但是能采制枫糖浆的以糖枫(Sugar Maple)为主。枫树生长到40～50岁时，离地面1.3米的树干直径超过25厘米便可以打洞、插管、取汁，然后将汁液蒸发到含糖量达66.9%才算枫糖浆。

春天为枫糖浆采收季节

每年春天是枫糖浆采收季节，一株成熟的枫树每年都可凿洞取汁，且能持续数十年；但洞不能太大，通常是直径12.7/40.64厘米，深达5厘米，洞间隔在10～15厘米、视树干粗细最多凿4个洞。由于糖枫树汁含糖量仅为2%～3%、40公升的树汁大约只能熬成1公升糖浆；而一株正常的糖枫每季平均生产35～50公升树汁。

如何买枫糖浆？

枫糖浆也分等级

魁北克省自订枫糖浆分级标准，但所有出口产品都要遵循联邦食品检验局(The Canadian Food Inspection Agency, CFIA)规定。依照联邦食品检验局规定，加拿大的枫糖浆分为3个等级、5种颜色。枫糖浆分级无关品质，第一级并不表示最高级。其实颜色深浅及口味和季节有关。初春生产的枫糖浆颜色较淡；随着春天渐老，糖枫汁液里的果糖和葡萄糖增加，蔗糖减少，氨基酸和矿物质也起变化，颜色变深，枫糖味也更浓。

等级	颜色
第一级(#1)	极浅琥珀色(Extra Light, AA)
	浅琥珀色(Light, A)
	中等琥珀色(Medium, B)
第二级(#2)	琥珀色(Amber, C)
第三级(#3)	深琥珀色(Dark, D)

如何辨识包装上的枫糖等级？

加拿大的枫糖浆外包装上都会以英、法文明白标示成分、容量与等级。

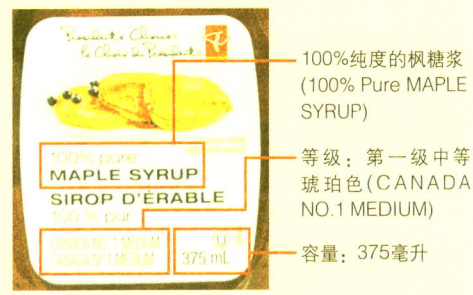

- 100%纯度的枫糖浆 (100% Pure MAPLE SYRUP)
- 等级：第一级中等琥珀色(CANADA NO.1 MEDIUM)
- 容量：375毫升

鲑鱼

Salmon

西海岸产量丰富的鲑鱼也发展出多样礼品，最常见的是熏鲑鱼。不列颠哥伦比亚省原住民捕获鲑鱼后，基本是以晾干及烟熏保存，早期华工佐餐的是盐腌的鱼干。如今在中国城的参茸海味店里仍然出售各式鱼干，但大部分用作礼品的鲑鱼(口语采英语发音称作三文鱼)多经烟熏处理。

▲ 烟熏鲑鱼

▲ 野生熏鲑鱼商品架

⁉ 如何买熏鲑鱼？

鱼种不同风味各异

烟熏鲑鱼使用的鱼种包括红鲑(Sockeye Salmon)、大王鲑(King salmon)或粉红鲑(Pink Salmon)，最常见的是人工养殖的太平洋鲑(Pacific Salmon)或大西洋鲑(Atlantic Salmon)。野生红鲑品质最上乘，粉红鲑肉质较差，但包装却最吸引眼球。价格差异其实也反映品质。

野生红鲑品质一流

如果只要买烟熏鲑鱼，不坚持不列颠哥伦比亚生产的鲑鱼，不妨购买美国阿拉斯加州(Alaska)的产品，因为阿拉斯加州不准养殖鲑鱼，所有鲑鱼产品原料都出自野生鲑鱼，避免了可能的饲料添加物问题。而阿拉斯加最著名的野生红鲑产自靠近不列颠哥伦比亚省的铜河(Copper River)。

▲ 红鲑(Sockeye Salmon)

▲ 野生红鲑(Sockeye salmon)

▲ 野生红鲑(Sockeye Salmon)

▲ 野生粉红鲑(Pink Salmon)

▲ 太平洋鲑(Pacific Salmon)

烟熏鲑鱼制作步骤

Step 1 准备木材

熏鲑鱼的木材必须是硬木或硬木屑，原住民认为最好的烤鱼或熏鱼木材是赤杨(Alder)，坊间一般使用山胡桃木(Hickory)或橡树(Oak)木屑，并采取冷熏。

Step 2 将鱼腌渍

熏鱼前要先将鱼腌渍。腌鱼的方式也有两种：一是湿腌(Wet Brining)，即将鲑鱼放在盐、糖、香料调制的水里浸泡几天，再取出烟熏；一是干腌(Dry Curing)，即用盐和糖覆盖鱼块，然后再烟熏。

Step 3 烟熏鲑鱼

烟熏鲑鱼有冷熏(Cold Smoking)和热熏(Hot Smoking)两种处理方式。冷熏温度在20℃～30℃，熏过的鲑鱼有烟熏风味但不会太柴；热熏温度在52℃～80℃，鲑鱼肉几乎熟了，却还保持相当脂肪及水分。

其他鲑鱼产品

尝鲜鲑鱼薄片

其实，新鲜鲑鱼之外，北欧及犹太人的鲑鱼薄片(Gravlax或Lox)是最美味的加工生鱼片，多用来夹在面包或焙果中食用。但是腌鲑鱼薄片需要冷藏，不太适合长途携带。

礼品好选择——鲑鱼干

最不需要考虑保鲜问题的烟熏鲑鱼礼品也许是鲑鱼干(Salmon Jerky)，超市、礼品店、机场免税商店都有出售。

 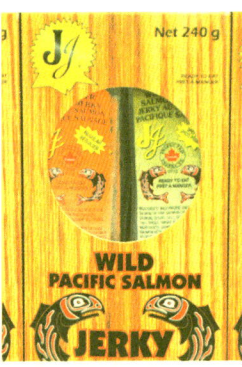

印第安糖果——糖鲑鱼

另外，糖鲑鱼(Candied Salmon)也称印第安糖果(Indian Candy)，是以40%的糖和60%的盐腌渍并熏烤干燥，保质期也不长，礼品店很少见到，倒是格兰维尔岛(Granville Island)公共市场鱼店里的陈列令人垂涎欲滴，忍不住要买一些尝尝。

西洋参
Ginseng

美国参及加拿大东部安大略省的人参种植已有数百年，不列颠哥伦比亚省种参始于20世纪80年代，而且使用的都是农地或牧地，土壤较肥沃，且未经农药或工业重金属污染，因此不列颠哥伦比亚参农对本地生产的西洋参相当有信心。

甘露采参趣

比较特别的是，从温哥华到落基山，中途行经的甘露(Kamloops)有参农种植人参，也有机会亲手挖人参。由于土壤密度差异，同年龄的人参形状有别，基本上都是纺锤形，但是土壤较松人参容易向下扎根，长成的身材也较挺直；遇到坚硬土地，人参会另辟生路，长出更多枝节与根须，挖掘的难度也较大。挖出的新鲜人参现场出售，一株约$10，可惜不能带离加拿大，只能在境内食用。

⁉ 如何买西洋参？

辨认西洋参的真伪和品质

由于市场需求大，有些不法商人会以白干参或党参蒙混出售，因此买参要仔细分辨。

■ **试吃**：基本上，选择西洋参最准确的方式是试吃，新鲜西洋参入口后会回甘，否则只有苦味。

■ **看外观**：一般商店不会舍得让顾客品尝，那只有看色泽，好的整支西洋参会有光泽；切片的人参则可观察菊花眼及参片是否密实，被抽过人参精的人参好像泡过水似的松散，甚至产生洞孔。

■ **问价格**：一磅西洋参的种植成本至少要$50，如果店家低于成本销售，可能买到的不是不列颠哥伦比亚省的西洋参。

■ **种植年数**：通常参农种参多在4年收成，有些至5～6年，很少种上十几或几十年，因为不符合经济效益。所谓半野参其实是施用有机肥如鸡粪作肥料，并不是野参，但价格比普通参要高出两三倍。

市面上少见野参

因为经过数百年的挖掘，西洋野参几乎灭绝，加拿大政府已于1989年下令禁止出口。因此，如果有店家高价兜售野参甚至说是几十年的野参，最好存疑。

▲ 不列颠哥伦比亚西洋参

冰酒
Icewine

加拿大东、西两岸都产冰酒及人参，人参也许要和美国的花旗参竞争市场。冰酒则是加拿大的专利、名副其实的特产。加拿大酿制冰酒始于20世纪80年代，90年代初期才打开市场，大部分产品外销亚洲。目前两处主要产区，一是东岸的安大略省尼亚加拉瀑布附近，二是西岸不列颠哥伦比亚省的欧肯那根谷。

加拿大"液体黄金"

1794年，德国一个意外的冷天，一批来不及收成的酿酒葡萄结冻；为挽救这次危机，德国人意外发现冰酒。但是，德国的冬天并不经常寒冷到适合酿制冰酒，德国人发现加拿大安大略省(Ontario)的冬天更适合，因此德语系移民将酿制冰酒的知识传播到新大陆，经过不断实验，终于使得冰酒与加拿大画上等号，使冰酒成为加拿大的"液体黄金"(Liquid Gold)。

如何买冰酒？

认明酒商品质联盟标志
Vintner Quality Alliance, VQA

由于真正的冰酒价格昂贵，所以以人工冷冻葡萄榨汁或以浓缩葡萄汁发酵、添加糖或酒精的廉价冰酒充斥市场。如何辨识真假冰酒？酒商品质联盟(VQA)标志应是品质保证。

- **使用VQA标志的规定**：不列颠哥伦比亚省VQA建立于1990年，获准使用VQA标志的酒按规定酿酒葡萄必须100%产自不列颠哥伦比亚省，95%必须来自商标标示的产地，譬如欧肯那根谷；85%的葡萄必须来自商标标示的年份及品种。而酒商品质联盟核可的不列颠哥伦比亚省葡萄栽培区仅4处，欧肯那根谷(Okanagan Valley)居首，其次为温哥华岛(Vancouver Island)、菲莎河谷(Fraser Valley)及斯米卡缅谷(Simikameen Valley)。

- **VQA对冰酒的规定**：VQA对冰酒的规定更严，葡萄必须天然冷冻，气温在零下8℃或更低时才能采摘，而且收成后必须立刻榨汁，葡萄汁甜度最低为35 Brix，不能加糖，VQA人员将在现场监视，一旦温度上升即须停工。此外，"Icewine"已成VQA专利商标，只有经VQA核可的冰酒才能标示"Icewine"。

▲认明VQA标志

加拿大特色商品哪里买？

机场免税店
Airport Duty Free Shop

购买礼品最方便的地方是机场免税商店，冰酒、枫糖浆、鲑鱼都能一站搞定。

▲ 机场免税商品展售架

盖士镇礼品店
Gastown Souvenir stores

机场免税商店加拿大特产专柜的小玩意不多，倒是温哥华发源地的盖士镇 (Gastown)Water St. 沿路礼品店 (Souvenir Stores) 里加拿大特产琳琅满目。在蒸汽钟附近的哈得逊商店 (Hudson House Trading Company) 里，所有旅客想得到或想不到的温哥华特产及纪念品应有尽有，商店建筑曾是哈得逊湾公司收发皮毛及酒类的仓库。在同一条街上，Steam Clock T-Shirt Souvenirs、Michelles Import Plus 等商店也能逛逛，说不定会有意外收获。

■ **Hudson House Trading Company**
　地址： 321 Water Street, Vancouver
　电话： 604-687-4781

■ **Steam Clock T-Shirt Souvenirs**
　地址： 305 Water Street, Vancouver
　电话： 604-682-6035

■ **Michelles Import Plus**
　地址： 73 Water Street, Vancouver
　电话： 604-687-5290

罗伯森购物街
Robson Street

罗伯森街(Robson Street)是温哥华著名的购物街，从东南伸向西北的街道错落分布着服饰店、咖啡馆及餐饮店甚至货币兑换店，不少礼品店夹在其中，Burrard及Jervis街间的罗伯森最是热闹。

罗伯森街以1899～1992年不列颠哥伦比亚省长John Robson命名。购物街的传统起自1895年铺设铁轨，小店便沿轨道两旁分布。二次大战后欧洲移民大量移入，欧洲糕饼及熟食小铺成为主流，Robson Street一度被称作"Robsonstrasse"，"strasse"为德文，意即英文的街道(Street)。

■ 罗伯森街网站：www.robsonstreet.ca
　（可从Directory，即商家指南寻找商家资讯）

购物篇

不列颠哥伦比亚省授权酒类经销商
Liquor Stores

按不列颠哥伦比亚省规定，礼品店、超级市场不能卖冰酒或酒类，假若不参访酒庄，必须向经政府授权的酒商购买。不列颠哥伦比亚酒商(BC Liquor Stores)是经过省政府授权的冰酒或酒类批发、零售商，在省内有195家零售店，商店多设在超级市场边。有些购物中心也有获政府授权的独立酒类经销商。但是，到商店买酒，必须能证明购买人年满21岁。

■ **不列颠哥伦比亚酒商**：
www.bcliquorstores.com

品店甚至超级市场里都能买到，唯独糖鲑鱼似乎踏破铁鞋无觅处。就在格兰维尔岛公共市场的鱼店里，条条块块的糖鲑鱼摆满玻璃柜，各种鲑鱼礼品也令人眼花缭乱(格兰维尔岛资讯，可参考p.109)。

参厂及华人城市参茸店
Ginseng Vendors

在加拿大买参，主要目的为购买本地种植的西洋参，所以最好在参观参田或参厂时购买。如果不到参田或参厂参观，可至中国城或华人聚居城市购买。华人食用人参的历史已逾4 000年，由于对人参的特殊依赖，可以说只要有华人聚集，就会有商店卖人参。在温哥华，无论中国城传统市场或华人众多的列治文新式购物中心，都能买到人参。中国城参茸店里出售来自全球各地的人参，唯独少见不列颠哥伦比亚省生产的西洋参。

格兰维尔岛公共市场
Granville Island Public Market

如果想买糖鲑鱼，最好直奔格兰维尔岛公共市场(Public Market)鱼店。各式烟熏鲑鱼礼品在机场免税商店、盖士镇Water Street及罗伯森街礼

百货公司、购物商场卖什么？

百货公司
Department Stores

海湾公司

加拿大西岸较常见的百货公司为海湾公司(The Bay)。海湾百货公司由哈得逊湾(Hudson's Bay)商站发展成型，商站原本主要业务是皮毛交易。1881～1960年，海湾百货公司只散布于加拿大西岸，然后才跨足东岸，目前90家百货公司分布在加拿大各省，总部则设在多伦多。

■ 海湾公司网站：www.HBC.com

兰福雷百货公司

兰福雷百货公司(Holt Renfrew)位于温哥华市中心，在太平洋购物中心内，不列颠哥伦比亚省仅此一家；艾伯塔省两店分别设在卡尔加里及埃德蒙顿(Edmonton)。兰福雷百货公司源自1837年魁北克的一家皮草店，先是加拿大第一任总理麦唐纳支持，随后成为英国维多利亚女王指定的皮草店。伊丽莎白女王结婚时，加拿大政府送的礼物也出自百货公司前身的皮草店。除受皇室青睐之外，兰福雷于1947年与巴黎的克里斯汀·迪奥(Christian Dior)合作，成为克里斯汀·迪奥产品在加拿大唯一代理，从而跻身时尚高端。

■ 兰福雷百货公司网站：www.holtrenfrew.com

西尔斯百货公司

海湾百货公司多为购物中心支柱，此外还有子公司企业西尔斯(Sears)，譬如列治文购物中心(Richmond Centre)两家公司各踞一方。

■ 西尔斯百货公司网站：www.sears.ca

标的百货公司

较海湾百货公司层次较低一档的标的(Target)百货公司近年才踏进加拿大市场。标的百货于2011年购买海湾公司旗下的Zellers店址，陆续改装成标的百货。列治文的Lansdowne购物中心即以标的百货为主力。

■ 标的百货公司网站：www.target.ca

购物中心与商场
Shopping Centre & Malls

在温哥华购买生活必需品不难。大型购物中心多有一两家主力百货公司加上上百家商店、餐饮店，有些还包括超级市场、银行、诊所；小型购物商场则以超级市场为主，结合快餐店及小商店，一次满足所有需求。

太平洋中心

温哥华市区面积不大，比较具规模的购物中心是太平洋中心（Pacific Centre），兰福雷百货公司就在太平洋购物中心内；中心还有通道前往海湾百货。太平洋中心多数店家都在地下，近百商店中较知名的为瑞典服装零售店H&M、加拿大运动用品店Sport Chek、美国的苹果电脑及蔻驰（Coach）专卖店。

■网站：www.pacificcentre.ca
■交通：轻轨加拿大线City Centre及Granville站之间；公交车4、5、6、7、10、14、16、17、20、50、240、246、250路

Metropolis at Metrotown

Metropolis at Metrotown是不列颠哥伦比亚省最大的购物中心，位于本拿比铁道镇（Metrotown）。Metropolis at Metrotown商店近400家，以海湾、席尔斯、标的百货为主，服装零售店包括H&M及西班牙的Zara近百家，另外设有银行、眼镜、牙医、保险、旅行社等服务业甚至学校，还有Superstore及大统华（T&T Supermarket）两家超市供应生活必需品。

■网站：www.metropolisatmetrotown.com
■交通：轻轨博览线及千禧线均设有Metrotown站；公交车19、49、106、110、116、129、130、144、430路

Oakridge Shopping Centre

1959年开始营业的Oakridge Shopping Centre号称温哥华最时尚（stylish）的购物中心，鞋、服装、珠宝首饰店较多，每年秋季都举办时装表演。中心主力商家为海湾百货、标的百货、西夫韦（Safeway）超市及苹果电脑，蔻驰及阿玛尼（Armani Exchange）也设有店面。伊丽莎白女王公园及范度森植物园都在步行可及范围。

■网站：www.oakridgecentre.com
■交通：轻轨加拿大线Oakridge-41st Ave站就在购物中心地下；公交车15、41路

列治文购物中心

列治文应是大温哥华地区购物中心最集中也最具华裔色彩的城市。轻轨加拿大线(Canada Line)起站 Brighouse 过街就是列治文购物中心，接着依次为 Lansdowne 站的 Lansdowne Mall、Aberdeen 站的时代坊(Aberdeen Centre)；时代坊对街便是大统华及大阪(Osaka)超市所在的统一广场、八佰伴购物中心(Yaohan Center)。

- ■ **网站**：www.richmondcentre.com(列治文购物中心)
- ■ **交通**：轻轨加拿大线 Brighouse 站、Lansdowne 站、Aberdeen 站

卡尔加里核心购物中心

卡尔加里市中心购物既悠闲又时髦，"核心购物中心"(The Core Shopping Centre) 以兰福雷百货公司为中心，包含 Chanel、LV、Hermes、Tiffany 等名牌专柜及其他零售商店。购物中心笼罩在 200 米长、26 米宽的玻璃幕下，自然采光；四楼更有面积 10 000 平方米的德沃尼亚花园 (Devonian Gardens)，花园内花木繁茂、绿意盎然，号称"城市绿洲"。

核心购物中心南缘即第 8 街步行街，是卡尔加里传统的购物街。介于市政府及兰福雷百货公司之间的第 8 街有 1988 年冬季奥运会设立的奥林匹克公园，也错落分布着零售商店。

- ■ **网站**：www.coreshopping.ca

⁉ 廉价百货店

温哥华购物也不全然昂贵，一元店(Dollarama)店里的百货最贵也就$3，大创百货(Daiso)多数物品要价$2。

- ■ **一元店（Dollarama）**：廉价百货店 Dollarama 发迹于魁北克，出售$1货品招徕。几乎与大创百货同时进入加拿大西岸，货品价格虽从$1逐渐提升到$2.5，但目前最高不超过$3。

网站：www.dollarama.com

- ■ **大创百货**：母公司在日本，时代坊里的大创百货是北美第一家旗舰店，占地逾2 415平方米，物品包罗万象，厨房用具、工具、园艺用具、汽车零件、健康美容、文具、食品应有尽有，大部分货品价格仅$2。

网站：www.daisocanada.com

▲ 核心购物中心

▲ 伦芙瑞百货

▲ 核心购物中心德沃尼亚花园

药妆店
Drug Stores

Shoppers Drug Mart、London Drugs、Pharmasave这3家连锁药妆店以药房、美容产品为主要经营项目外，也兼营电子产品及杂货，甚至设有邮政代办所并出售公交车票，药妆店可以说是药房和便利杂货店的综合体。Shoppers Drug Mart为加拿大最大的药妆连锁店，其他连锁药妆店包括大部分店集中在大温哥华地区的London Drugs以及多散布于社区邻里的Pharmasave。

■ **Shoppers Drug Mart**: www.shoppersdrugmart.ca
■ **London Drugs**: www.londondrugs.com
■ **Pharmasave**: www.pharmasave.com

名牌服饰店
Fashion Brands

想买普拉达（Prada）、古驰（Gucci）、芬迪（Fendi）、博柏利（Burberry）等名牌，温哥华不是好地方。国际机场附近正在兴建的工厂直销店（Outlet Mall）完工前，要想一站买齐名牌唯一的选择是市中心的兰福雷百货公司(Holt Renfrew Department Store)。

与美国西岸比较，温哥华并不是购物的好地方，一方面因为物价高，另一方面还有7%省税加上5%联邦税，难怪不少温哥华居民宁愿开车越界到美国工厂直销店(Outlet Mall)采购。

起源于加拿大的品牌

绿适（Roots）、奥尔多（ALDO）都是起源于加拿大的品牌，目前在中国有专卖店。奥尔多（ALDO）的鞋子60%都在中国制造。除非大减价拍卖，价格加上销售税，未必比中国便宜。在采购全球化的大潮下，国家界线早已被冲垮，除了冰酒、鲑鱼、西洋参、枫糖浆等受产地限制的产品，加拿大商店里能标示"加拿大制造"(Made in Canada)的货品已经日益稀少。

超级市场

温哥华超级市场除了酒精饮料外，几乎照顾到所有饮食需要，多数超市设有药房，Superstore 还设置加油站。华资超市不见药房，但游水海鲜、生鲜果蔬和多样的熟食在超市中独树一帜。

西夫韦(Safeway)、Save-On-Foods、Superstore 普遍分布于加拿大西岸，或设在大型购物中心内，或与一些快餐店及小商店组成小型购物商场，除了日常生活所需的生鲜杂货外，多数设有熟食部、面包房及药房。以大统华为首的华资超市大部分卖场都提供生鲜及熟食，最能吸引华裔移民。

西夫韦（Safeway）

西夫韦(Safeway)超市根源可追溯到1912年洛杉矶的一家杂货店，"Safeway"的名称得自1925年的一次命名比赛，当时经济状况不佳，以现金购买杂货及食物以免负债是最安全(Safe)的方式(Way)。1929年 Safeway 即已涉足加拿大市场，70～80年代，更成加拿大西岸超市老大，控制80%市场，致使杂货价格高涨，因而引起艾伯塔省政府出面干涉，限制开店数量，部分店面改为 Food for Less 或转让 IGA 经营。

■网站：www.safeway.ca

Superstore

Superstore来自东岸，是Loblaw超市向西扩张的产物。Superstore场面比一般超市规模大，除了超市的生鲜及食品外，店面有1/3用作家庭用品、电子产品及衣服卖场，有些类似中国的家乐福。

■网站：www.superstore.ca

Save-On-Foods

目前在不列颠哥伦比亚省及艾伯塔省分别有54及25家超市。Save-On-Foods 强调生鲜产品都在当地生产。

■网站：www.saveonfoods.com

大统华超市

大统华超市(T&T Supermarket)1993年开始在本拿比及列治文设点，先在加拿大西岸发展，2009年与 Loblaw 合作涉足东岸，到2012年在加拿大共有22家超市，大部分仍在大温哥华地区。1997年，日商八佰伴退出市场，大统华接手经营所属的大阪超市，两家超市在列治文3号路边毗邻，更加热闹。

■网站：www.tntsupermarket.com

便利商店

7-11（7-ELEVEN）和Mac's是加拿大西岸最常见的便利商店。第一家7-11（7-ELEVEN）于1969年夏天在卡尔加里设立，Mac's则于1961年已涉足加拿大市场。两家便利商店提供的服务相似，譬如卖快餐、饮料、零食及生活用品，有些店设置加油站，有些店里有提款机，销售公交车票。

通信篇
Communication

在加拿大要如何和亲友保持联系？

如何在加拿大打电话？怎样联系最经济？
哪儿能免费上网？想寄张异国明信片，去哪寄？
虽然身处异地仍可与世界保持联系，通信时刻无国界。

打电话、上网、邮寄

国际通信无国界

有线电话 Phone Call

国际电话卡较直拨国际电话便宜

机场入境大厅设有公共电话，投币只要凑足5角(50分)或插入信用卡均可使用，若使用1元则不找钱。除机场与旅馆外，其他场所已不容易找到公共电话。如想利用公共电话或旅馆里的有线电话打国际电话，建议在商场小店买电话卡。电话卡用座机和手机拨打费率不同，但远较直接拨国际电话便宜得多。

通常从旅馆房间拨打本地电话，旅馆不会收费，但使用前，最好先询问柜台人员，以免产生意外账单。

预付电话卡使用步骤

 刮出卡片背面密码

 拨打所在地区拨接号码

通常显示在卡片背面。号码包括当地及其他城市号码，例如在温哥华拨打604或778区号的电话号码，在班夫则拨打403区号的号码。若无适当的区号，可拨866号全国通用的号码。

 选择语言

依照语音提示，选择欲使用语言(一般为英语)。

 输入卡号及密码

输入卡号及刮出的密码，以"#"结束。

 **拨打电话**

依国际电话拨打方式拨打电话，拨打方式见p.226。拨完要打的电话号码后加"#"，表示拨号已完整。

公共电话使用解析

左上投币口可使用1元、25分、10分、5分钱。

	本地电话 硬币50分	信用卡 拨号	电话卡 拨号	协助
911免费	本地电话	区码+ 电话号码	区码+ 电话号码	0+区码+ 电话号码	接线0
Telus 电话卡	长途电话	1+区码+电 话号码	1+区码+ 电话号码	0+区码+ 电话号码	查号411
维萨卡	国际电话	011+国码+ 区码+号码	011+国码+ 区码+号码	011+国码+ 区码+号码	报修611
万事达卡					
美国运通卡					

左边两钮调整音量(Volume) / 中间长方形钮可转换法语(Francais) /
最右边"下一通"(Next Call)，不用挂上话筒，按钮拨打下一通电话

通信篇

手机
Phone Call

加拿大3大通信商

加拿大手机频率为850与1900MHZ，如果本身持有的手机支持3频，那不用换手机就可在加拿大当地直接使用。如果通话量比较多，建议还是办理当地的SIM卡，这样会比较实惠些。加拿大3大通信系统商Bell Mobility、Rogers Wireless、TELUS及Rogers旗下的Fido等门市都可购买用户识别卡（SIM卡）。目前SIM卡分成标准卡及分别适用于iPhone 4和iPhone 5的Micro SIM及Nano SIM，找到合适的SIM卡后，插入手机，即可使用附带的门号，一旦门号开通，就可购买话费通话。

■ **Bell**： www.bell.ca/mobility
■ **Rogers**： www.rogers.com/wireless
■ **TELUS**： www.telusmobility.com
■ **Fido**： www.fido.ca

拨打费用

■ **一般使用费用**：对于短期旅客而言，比较省心的是预付话费。预付话费基本上是买的金额越低、有效期越短、通话费越高；有些以分钟、日计算，发话、接收都收费，短信有条数限制，因此还是要比较。此外，Bell Mobility、Rogers Wireless对于成功发、受话，自铃响即开始计费。TELUS对于成功发话，自铃响即开始计费；受话自按下通话键开始计费。

■ **国内长途电话另收$0.4／分钟**：拨打国内长途电话，每分钟须另加$0.4。因此，应购买停留最久的城市号码，譬如在温哥华停留最久，最好买604或778区号的门号，以避免长途电话费（有关城市区域号码，请参考"在加拿大打当地电话"p.226说明）。

■ **国际电话$1.5／分钟**：即便手机有加拿大门号且话费可充值，加拿大国际电话费每分钟$1.5，仍然昂贵。最经济的通信方式是另外购买预付电话卡，配合手机或使用市内电话和公共电话打国际电话。

使用手机小提醒

- **手机有无锁码**：手机先确认有无锁码，否则应先解码才能使用。
- **若要上网记得加买3G Data Plan**：通常手机费用预付卡只包括通话和短信，若要利用智能手机上网，则要加买3G Data Plan。3G数据套餐可以日、周及月计算，例如1日$2，包含20Mb；1周$7，包含125Mb。
- **可先通过网络购买手机预付卡**：若抵达加拿大才购买预付SIM卡费用较贵，可先通过相关网站如www.fido.ca查询Fido手机预付卡的相关行情。如果合算，可网络在线购买，行前开卡，下飞机接上信号即可使用。

从中国打电话到加拿大

国际冠码+加拿大国码+区域号码+电话号码

拨打方法	国际冠码+	国码+	区域号码+	电话号码
打到加拿大市话	001	1	不列颠哥伦比亚省 604 / 250 / 778 / 236 艾伯塔省 403 / 780 / 587	市话号码
打到加拿大手机	001	1	-	手机号码
打到国内的漫游手机	-	-	-	直拨手机号码

举例说明：加拿大旅馆的电话号码：**(604)1234567** / 从国内拨打的方式：**001 1 604 1234567**
加拿大当地的手机号码：**0987-654-321** / 从国内拨打的方式：**001 1 987654321**

从加拿大打电话回国内

国际冠码+中国国码+区域号码+电话号码

拨打方法	国际冠码+	国码+	区域号码+	电话号码
打到国内市话	00	86	北京010	市话号码
打到国内手机	00	86	-	手机号码(去0)

举例说明：国内家中的电话号码：**(010)1234-5678** / 从加拿大拨打的方式：**00 86 010 12345678**
国内朋友的手机号码：**136-1234-5678** / 从加拿大拨打的方式：**00 86 98765432198**

在加拿大打当地电话

区域号码+电话号码

拨打方法	国际冠码+	国码+	区域号码+	电话号码
打当地市话	-	-	不列颠哥伦比亚省 604 / 250 / 778 / 236 艾伯塔省 403 / 780 / 587	市话号码
打当地手机	-	-	-	直拨手机号码

举例说明：加拿大的电话号码：**(604)1234567** / 拨打的方式：**604 1234567**
加拿大的手机号码：**0987654321** / 拨打的方式：**0987654321**

上网 Internet

■ 免费上网地点

美加的网络环境不如中国方便,如携带笔记本电脑、平板电脑或iPad,温哥华机场、不列颠哥伦比亚省渡轮、图书馆等公共场所都是WI-Fi环境;如麦当劳、汤姆浩特斯(Tim Hortons)、百怡(Blenz Coffee)等快餐及咖啡店,不一定要消费也可免费上网。

▲麦当劳、汤姆浩特斯(Tim Hortons)、百怡(Blenz Coffee)等店可免费上网

邮寄 Mail

■ 去哪里寄信?

加拿大各市镇均有邮局出售邮票、收发邮件,同时在各大商场或药妆店(如London Drugs、Shoppers Drug Mart……等)亦附设有邮务柜台,办理邮政业务。贴足邮资的普通信件可投入设立街头以红为主色的邮箱,工作日16:00~17:00收信。

■ 旅馆上网

有些旅馆提供免费网络、有些要收费、有些还必须取得密码、入住时可向柜台查询。

⁉ 可打到世界各地的电话和手机

目前网络电话已相当普遍,只要能上网,Line或Skype等都能全球沟通,缺点是通话对方也必须同时上网且有相同系统账号。如果对方不上网,Skype也可以拨打对方市内电话或手机。使用方式是购买Skype的点数。

以Skype点数打电话,无论从世界哪个角落拨号,都以受话地点计算费用,细节可查询Skype网站:www.skype.com。

▲请认明商场"邮政代办"的标志

普通信件(包括明信片)基本邮资表

地区	邮资	时程
国际	$1.85 (0~30克)	4~7日
加拿大	$0.63 (0~30克)	2~4日
美国	$1.10 (0~30克)	4~6日

其他资料可上网查询:
www.canadapost.ca/cpo/mc/languageswitcher.jsf

应变篇
Emergency

在加拿大旅行，遇到紧急状况怎么办？

在旅游期间如果遇到紧急状况，第一时间要做什么？后续如何妥善应对？本篇将介绍在国外可能会发生的状况，一一整理对应措施和紧急联络资讯。

紧急情况怎么办

寻求帮助，积极找到补救措施

护照遗失 *Emergency*

向邻近驻外馆处申请护照遗失补发

在国外遗失护照，可持当地警察机关遗失报案证明文件，向邻近驻外馆处申请护照遗失补发。若当地警察机关尚未发给或不发给遗失报案证明，可以以遗失护照说明书代替。

行李遗失 *Emergency*

抵达目的地时若未发现行李，应于出关前持行李收据向机场行李柜台人员申诉并要求查寻。若行程牵涉到两家或以上航空公司运送时，应向行程终点的最后一家航空公司申报，然后等待处理。

▲ 找到行程终点的最后一家航空公司询问行李

护照补发在这里

中国驻加拿大大使馆
地址：515 St.Patrick Street, Ottawa, K1N 5H3
电话：613-7893434 转 232
网址：ca.china-embassy.org/chn/

中国驻温哥华总领事馆
地址：200A-1595 West Broadway, Vancouver, BC, Canada V6J
电话：604- 3368866
网址：vancouver.china-consulate.org/chn/

中国驻卡尔加里总领事馆
地址：1011 6th Ave. S.W.Calgary , Alberta, Canada T2P 0W1
电话：403-2643322
网址：calgary.china-consulate.org/chn/

中国驻多伦多总领事馆
地址：240 St George St Toronto ON M5R 2N5
电话：416-9647260
网址：toronto.china-consulate.org/chn/

中国驻蒙特利尔总领事馆
地址：2100 Ste-Catherine West, 8th floor, H3H 2T3 Montreal, Quebec, H3H 2T3
电话：514-4196748
网址：montreal.chineseconsulate.org/chn/

＊以上资料时有变动，出发前请再次确认。

信用卡遗失

出国前最好先将信用卡号码记下，随身携带但与信用卡分开存放以备万一。若信用卡不幸在海外失窃，国内银行可能有24小时服务的挂失电话，但都是长途付费电话。如果持用的是维萨卡或万事达卡，则可在当地拨通免费的全球服务专线，专线可代转到发卡银行，协助挂失或申请紧急替代卡。

- 维萨卡免费救助电话：1-866-639-1911
- 万事达卡免费救助电话：1-800-307-7309

旅行支票遗失

由于信用卡已普遍使用，目前旅行支票的需求性减低，唯一的好处是，若遗失或遭窃可以就近申请补发。

购得旅行支票首先要做的事是在支票左上角以中文或英文签名，使用时再在左下角复签姓名。若未初签或已双签，旅行支票失窃都无法申请补发。若在加拿大旅途中旅行支票失窃，应立即电话联络旅行支票服务中心，提供有效身份证明，告知失窃支票号码、购买日期及地点，申请补发，服务人员会协助就近补发。

生病、买药

可拨打911叫救护车

如有紧急就医需求，可拨打911叫救护车送医，可能会要求支付费用；也可直接到地区医院或其他大型医院挂号急诊。医师会先实施检查，费用约50～100加元。如需住院，院方会要求提供医疗保险资料，可先与保险公司联系。

凭处方到药店(Pharmacy)买药

诊所不设药店，医师看诊后只开处方(Prescription)，凭处方到超市(Supermarket)、药妆店(Drug Store)内设的药店(Pharmacy)买药。在药店出示处方后，通常要1小时后才能在取药柜台取药。除药价外，还要再加收每项药品一定的服务费(Professional Fee)，但处方药不必付税。

一般成药可自取结账

一般成药在药店外的货架即可自取结账，不需付服务费，但需加付5%的联邦销售税(GST)。

如何使用旅行支票

购买旅行支票后，就立刻在上款签下与护照相同的签名，等到要使用、兑换时再当场在下款签名，要记得携带护照喔！

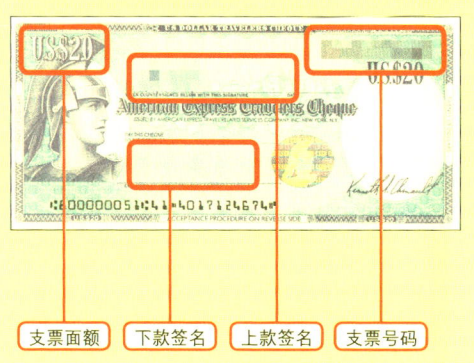

北京市版权局著作权合同登记图字：01-2014-7370
策划编辑：陈凤玲
责任编辑：陈　志

图书在版编目（CIP）数据

开始在加拿大自助旅行 / 沈正柔编著、摄. — 北京：旅游教育出版社，2015.5
（快意畅游）
ISBN 978-7-5637-3168-8

Ⅰ. ①开… Ⅱ. ①沈… Ⅲ. 旅游指南—加拿大 Ⅳ. ①K971.19

中国版本图书馆CIP数据核字（2015）第084412号

《開始在加拿大自助旅行》
中文简体版©2015由旅游教育出版社发行
本书由台湾太雅出版有限公司通过安伯文化事业有限公司授权旅游教育出版社在中国大陆独家发行中文简体字版本。
非经书面同意，不得以任何形式任意重制、转载。

快意畅游
开始在加拿大自助旅行
沈正柔　编著／摄影

出版单位：	旅游教育出版社
地　　址：	北京市朝阳区定福庄南里1号
邮　　编：	100024
发行电话：	（010）65778403　65728372　65767462（传真）
E-mail：	tepfx@163.com
排版单位：	北京旅教文化传播有限公司
印刷单位：	北京利丰雅高长城印刷有限公司
经销单位：	新华书店
开　　本：	787毫米×960毫米　1/16
印　　张：	14.5
字　　数：	188千字
版　　次：	2015年5月第1版
印　　次：	2015年5月第1次印刷
定　　价：	48.00元

（图书如有装订差错请与发行部联系）